Accord-cadre entre le Saint-Siège et la RDC

Églises d'Afrique

Collection dirigée par Denis Pryen

Depuis plus de deux millénaires, le phénomène chrétien s'est inscrit profondément dans la réalité socio-culturelle, économique et politique de l'Occident, au point d'en être le fil d'Ariane pour qui veut comprendre réellement les fondements de la civilisation judéo-chrétienne. Grâce aux mouvements d'explorations scientifiques, suivis d'expansions coloniales et missionnaires, le christianisme, porté par plusieurs générations d'hommes et de femmes, s'est répandu, entre autres contrées et à différentes époques, en Afrique. D'où la naissance de plusieurs communautés ecclésiales qui ont beaucoup contribué, grâce à leurs œuvres socio-éducatives et hospitalières, à l'avènement de plusieurs cadres, hommes et femmes de valeur. Quel est aujourd'hui, dans les domaines économiques, politiques et culturels, le rôle de l'Église en Afrique ? Face aux défis de la mondialisation, en quoi les Églises d'Afrique participeraient-elles d'une dynamique qui leur serait propre ? Autant de questions et de problématiques que la collection « Églises d'Afrique » entend étudier.

Dernières parutions

Nicaise MILANDOU SEMO, *Pour une pastorale écologique en Afrique. Dialogue avec les traditions*, 2023.
Nicolas TSHIJIKA TSHIFUFU, *Les Immémoriaux Frères Mineurs (Franciscains) belges, Parcours missionnaire en RDC*, 2023.
Henri CISSÉ, *L'Église au Sénégal. Enjeux socio-politiques et pastoraux d'une évangélisation de 1852 à 1962*, 2023.
Etienne LOCK (dir.), *La théologie africaine. Développement historique et problématiques actuelles. Actes de la journée d'étude sur la théologie africaine, UCL, 2013*, 2023.
Willy-Pierre MBUINGA MAYUNDA, *Les spiritains et la mission modèle de Landana au XIXe siècle*, 2023
Yves Innocent ETOGA MVONDO, *Mgr Paul Etoga, Premier évêque autochtone d'Afrique noire française, Un pasteur discret et dévoué, modèle de vie et d'engagement ecclésial*, 2023.

HUGUES MFUMUMBWARA MAWETE

Accord-cadre entre le Saint-Siège et la RDC

Commentaires et analyses canoniques

Préface de Mgr Donatien NSHOLE BABULA

L'Harmattan

A toi Susan MALENGERA MUHANI,

Je dédie ce livre.

5-7, rue de l'École polytechnique, 75005 Paris

www.harmattan.fr

ISBN : 978-2-336-45633-1
EAN : 9782336456331

PREFACE

Un cadre juridique pour une saine coopération entre l'Église catholique et les États est une nécessité. Cette vérité découle de l'expérience séculaire de l'Église qui a désormais horreur de reprendre les erreurs du passé qui l'ont entrainée dans un tourbillon d'intérêts incontrôlés. Du coup, il devient indispensable de toujours recourir aux instruments juridiques appropriés pour jeter un éclairage sur les limites qu'il faudrait observer dans les relations entre ces deux partenaires historiques. C'est dans cette optique que l'Église catholique renouvelle son partenariat avec la République Démocratique du Congo par un Accord-cadre sur des matières d'intérêt commun. Ce dernier est un signal fort qui manifeste la volonté de ces deux parties contractantes à éviter l'arbitraire et l'idéologie politique pour se laisser encadrer par le droit. De toute évidence, cet Accord-cadre est un outil appelé à devenir un document juridique de référence qui devrait être à portée de main pour les institutions ecclésiastiques et civiles.

Pourtant, force est de constater que celui-ci reste encore classé parmi les documents de tiroir, sans entrer dans les enjeux concrets de la vie du peuple congolais. Pire encore, cet Accord-cadre demeure inconnu non seulement de beaucoup de fonctionnaires de l'État mais aussi par bon nombre d'administrateurs des institutions ecclésiastiques. A cet effet, ce présent ouvrage à caractère canonique est d'une grande utilité pratique pour la vulgarisation de ce précieux document.

Le premier grand mérite de cet ouvrage rédigé par l'Abbé Hugues Mfumumbwara Mawete est de prendre le lecteur par la main et de lui faire découvrir, avec concision, des subtilités interprétatives cachées derrière chaque article de cet Accord-cadre entre le Saint-Siège et la République Démocratique du Congo. Et pour ce faire, l'auteur fait d'abord appel aux principes fondamentaux de l'Église dans ses relations avec les États, en distinguant séparément ceux qui découlent d'abord du Nouveau Testament, ensuite des documents du Concile Vatican II, enfin du Code de droit canonique. Non pas que l'Église seule définisse les règles de jeu que ses partenaires doivent respecter, mais celle-ci revendique la *Libertas Ecclesiae*, la liberté d'action, l'indépendance nécessaire dont elle a besoin pour veiller au salut des hommes. C'est ainsi qu'après l'exposition de ces principes fondamentaux de l'Église, l'auteur explique avec clarté des systèmes ou des théories qui permettent de comprendre les différentes directions que peuvent prendre les relations entre l'Église et les États. C'est alors qu'on découvre alternativement le système de confessionnalité ou de reconnaissance spéciale, le système de laïcité ou de séparation, et le système d'athéisme de l'État.

Ce n'est pas le moindre mérite de cet ouvrage que d'exposer d'une manière succincte de prime abord un état de lieu des relations entre l'Église et l'État en République Démocratique du Congo. Cela arrive à point nommé pour aider le lecteur à s'imprégner des détails historiques délicats qui ont caractérisé le rapprochement de ces deux partenaires malgré des tensions parfois récurrentes. De cette mise au point historique, l'auteur s'est investi à scruter pas à pas les vingt-et-un articles de ce présent Accord-cadre avec des références aussi bien aux normes canoniques, aux seize documents conciliaires et même à la Constitution de la République Démocratique du Congo. Il est précieux de constater que le même auteur a voulu rattacher étroitement cet Accord-cadre aux Accords spécifiques qui le mettent en application.

Je remercie l'Abbé Hugues Mfumumbwara Mawete d'avoir eu l'ambition de commenter cet Accord-cadre avec des lunettes canonistes afin de le vulgariser et de nous permettre de prendre part active à ce partenariat qui unit depuis des siècles l'Église catholique et les autorités Politiques de la République Démocratique du Congo. Loin d'être « la fin d'un long processus, cet Accord-cadre se révèle comme étant la "pierre d'angle" d'une nouvelle collaboration plus intense et plus ordonnée ; la "première pierre" d'un édifice qui ne devrait absolument pas rester inachevé ».[1] J'invite donc les lecteurs à lire ce précieux ouvrage qui vient à son heure.

Mgr Donatien NSHOLE BABULA
Chapelain de Sa Sainteté le Pape
Secrétaire Général de la CENCO

[1] P. PAROLIN, *Discours au palais du gouvernement à l'occasion de la visite officielle lors de la signature des cinq accords spécifiques entre la CENCO et le Gouvernement congolais*, 2 juillet 2022.

ABREVIATIONS ET SIGLES

AA	Apostolicam actuositatem
Can	Canon
CD	Christus dominus
CENCO	Conférence Episcopale Nationale du Congo
CIC/1917	Code de droit canonique de 1917
CIC/1983	Code de droit canonique de 1983
DH	Dignitatis humanae
GE	Gravissimum educationis
GS	Gaudium et spes
IM	Inter mirifica
Jn	Jean
LG	Lumen gentium
Mt	Mathieu
PO	Presbyterorum ordinis
RDC	République démocratique du Congo

INTRODUCTION

Cet ouvrage nait d'une idée ambitieuse, et en même temps provocatrice. Ambitieuse parce qu'on risque gros en s'engageant à commenter et à analyser un Accord-cadre déjà ratifié, dont les effets ne se produisent pas au rythme d'un bâton magique. Provocatrice dans la mesure où l'on s'évertue à toucher des points très névralgiques où l'interprétation peut éloigner les deux Parties Contractantes au lieu de les rapprocher. Quoi qu'il en soit, le caractère général et canonique de ces commentaires veut simplement doter le citoyen congolais d'un instrument agile d'une part, pour la connaissance de la nature des relations entre le Saint-Siège et les États, et d'autre part, pour vulgariser le contenu du présent Accord-cadre entre le Saint Siège et la République Démocratique du Congo (RDC).[2]

A peine cette idée de vulgarisation de cet Accord-cadre est-elle née, que parait une autre, celle de préciser d'entrée de jeu que celui-ci ne veut nullement signifier que l'Église se confond avec l'État congolais. Cela ne veut pas non plus dire que l'Église catholique s'engage à signer une alliance politique avec le parti au pouvoir en RDC. En raison de sa charge et de sa compétence, l'Église ne peut pas se permettre d'en arriver là. Celle-ci est souveraine, indépendante et autonome et reste le signe et la sauvegarde du caractère transcendant de la personne humaine. Autrement dit, « la mission propre que le Christ

[2] Tout au long de cet ouvrage, on se servira simplement du sigle RDC pour désigner la République Démocratique du Congo.

a confiée à son Église n'est ni d'ordre politique, ni d'ordre économique ou social : le but qu'il lui a assigné est d'ordre religieux ».[3] Cette doctrine ecclésiastique sous-entend que l'Église s'auto-exclut d'intervenir directement dans la praxis des partis politiques. Néanmoins, cette auto-exclusion dans la lutte politique directe ne veut nullement signifier une renonciation ou faire moins. Au contraire, c'est la condition nécessaire pour faire plus et mieux[4] en mettant au centre de sa mission le bien-être de la personne humaine, l'Église étant pour toujours « experte en humanité ».[5] C'est sur cette note que l'Église rejoint l'État dans la recherche du bien-être de la personne humaine dans la société.

Le service que l'Église et l'État rendent à la vocation personnelle et sociale des hommes, et ce, chacun selon sa compétence et dans sa juridiction, serait plus efficace et aurait plus d'impact s'ils acceptaient de coopérer. La coopération, malgré ses fragilités, consent de réaliser des prouesses dont on ne peut se permettre quand il s'agit d'initiatives individuelles.[6] On peut dire que « même si l'ordre de la société et de l'État est le devoir essentiel du politique »[7], l'Église a aussi le devoir essentiel d'offrir sa contribution spécifique à travers sa mission, sans prétendre assumer les fonctions de l'État. Ainsi, cet Accord-cadre

---

[3] CONCILE OECUMENIQUE VATICAN II, Constitution pastorale sur l'Église dans le monde de ce temps *Gaudium et Spes* (7 décembre 1965), n. 42, in http://www.vatican.va. Par la suite, tous les documents qui seront tirés de ce concile seront cités en retenant seulement les titres en latin et le numéro du paragraphe. Par exemple, *Gaudium et Spes* ; *Lumen Gentium*, etc.

[4] Cf. B. SORGE, *Introduzione alla dottrina sociale della Chiesa*, Queriniana, Brescia 2016[3], 297-298.

[5] PAUL VI, *Discours aux Nations Unies*, 4 octobre 1965.

[6] Cf. A. SMERILLI, *Donna economia. Dalla crisi a una nuova stagione di speranza*, San Paolo, Milano 2020, 23.

[7] Cf. BENOIT XVI, *Deus Caritas est* (25 décembre 2005), n. 28a.

entre le Saint-Siège et la RDC engage les deux Parties Contractantes à collaborer sur des matières d'intérêt commun. Par delà des tiraillements et des tensions, parfois voulues par l'idéologie politique à la recherche du populisme, le présent Accord-cadre est la preuve d'un effort de rechercher la saine coopération en prenant pour point de mire non pas des matières qui divisent mais plutôt celles d'intérêt commun pour le bien-être de la personne humaine.

Dans ses analyses juridiques qui prennent pour point de référence les principes indispensables de l'Église dans ses relations avec les États, relevant certains systèmes des relations entre l'Église et les États de façon générale, ces commentaires et ces analyses de l'Accord-cadre entre le Saint-Siège et la RDC s'offrent comme un instrument efficace pour favoriser non seulement la vulgarisation dudit Accord-cadre, mais aussi pour rappeler que l'Église catholique ne renonce pas à son identité quand elle accepte de coopérer avec l'État congolais.

CHAPITRE. I : PRINCIPES DE L'EGLISE DANS LES RELATIONS AVEC LES ETATS

La mission de l'Église au monde apporte aux hommes le message du Christ et sa grâce. Celui-ci pénètre et parfait l'ordre temporel par l'esprit évangélique.[8] Fort de ce présupposé, lorsque l'Église catholique coopère avec les États[9], elle part de certains principes indispensables basés sur l'Évangile du Christ pour tout orienter vers le salut des âmes. Par la suite, ces principes tirés de la position de Jésus et de ses disciples ont été développés par le magistère de l'Église. Ainsi, l'Église se prête à coopérer avec le pouvoir temporel ou politique national et international[10] sans négliger un seul instant les principes qui l'inspirent.

1.1. DANS LE NOUVEAU TESTAMENT

L'Église s'inspire de plusieurs principes du Nouveau Testament dans ses relations avec le pouvoir temporel. Le

[8] Cf. *Apostolicam actuositatem*, n. 5.

[9] On a préféré parler des « États » au lieu des « communautés politiques » pour aider le lecteur à avoir un référent précis et facile à comprendre. Car, considérer les communautés politiques insinue non pas seulement les États mais aussi les organisations nationales et internationales, telles que les Nations Unies. Cf. J.-P. SCHOUPPE, *Diritto dei rapporti tra Chiesa e comunità politica. Profili dottrinali e giuridici*, Subsidia canonica, EDUSC, Roma 2018, 17.

[10] Cf. C. CORRAL, «Relazioni Chiesa-Stato: Teoria (Relationes inter Ecclesiam et Statum: theoria)», in C. CORRAL SALVADOR – V. DE PAOLIS – G. GHIRLANDA (a cura di), *Nuovo Dizionario di Diritto Canonico*, San Paolo, Milano 1993, 905. Il faut avouer, d'entrée de jeu, qu'on s'est largement inspiré de cet article de Corral pour élaborer tous ces principes et systèmes dans les relations Église-État, en l'enrichissant avec d'autres sources.

règne du Christ n'est pas un règne politique, l'État n'est pas une valeur absolue, tels sont principalement les deux piliers qui soutiennent l'Église dans l'effort de coopérer avec l'ordre temporel en vue de le perfectionner grâce à l'esprit évangélique.

1.1.1. Le règne du Christ n'est pas un règne politique

Jésus est resté ferme jusqu'à son dernier souffle pour ne pas laisser planer l'incompréhension sur la nature de son règne : « Et Jésus, sachant qu'ils allaient venir l'enlever pour le faire roi, se retira de nouveau sur la montagne, lui seul » (Jn 6,15). En fait, dans le passé d'Israël, avoir un roi pour imiter les peuples voisins était une tentation permanente pour eux, alors que Dieu était l'unique roi de son peuple. Ainsi donc, solliciter un autre roi comme d'autres nations frisait une intention idolâtrique. Et quand Dieu leur accorda des rois humains, l'expérience de cette monarchie était très triste. Car, les rois devenaient despotes, oppresseurs au point d'induire le peuple à l'idolâtrie et à d'autres cas d'immoralité. Avec le roi David, du moins, le roi devient modèle du futur peuple entièrement consacré à Dieu. Alors que pour les peuples païens le roi représentait Dieu sur la terre, pour Israël celui-ci était une personnalité corporative qui synthétisait en soi tout le peuple. A ce stade, l'attente d'un roi d'origine divine devint objet de l'espérance eschatologique. Tout le peuple d'Israël n'avait jamais cessé d'espérer que Dieu leur envoie un roi pour les libérer de la domination de leurs oppresseurs.[11]

Dans la soif d'obtenir un roi d'origine divine, les foules n'ont pas hésité d'accueillir et d'acclamer Jésus comme ce roi d'Israël tant attendu. Mais Jésus réfute

[11] Cf. *La Bibbia. Scrutate le Scritture. Versione Ufficiale CEI*, San Paolo, Milano 2020, 558.

catégoriquement d'être un souverain politique. En fait, ce serait une contradiction, vu que Jésus est venu pour instaurer un royaume qui n'est pas de ce monde, lequel comporte une autre conception de l'autorité : le service. Pour ce, le royaume de Jésus n'est pas l'occasion d'affirmer une position de supériorité et de force mais celle de la faiblesse, de l'humilité et du service. Malgré tout ceci, le peuple a voulu changer son programme messianique afin de le constituer un roi comme ceux d'autres nations païennes. Heureusement, Jésus s'en est éloigné.[12] Jésus est certainement un roi, il l'affirme sans ambages. Il va plus loin jusqu'à soutenir courageusement que : « Mon royaume n'est pas de ce monde, répondit Jésus. Si mon royaume était de ce monde, mes serviteurs auraient combattu pour moi afin que je ne fusse pas livré aux Juifs ; mais maintenant mon royaume n'est point d'ici bas » (cf. Jn 18, 36). Au bout du compte, il se révélera Roi de l'univers dont le trône se trouve sur la croix. Quelle contradiction ! Après sa résurrection, l'annonce de l'Évangile inaugure le règne de Dieu pour tous les peuples jusqu'à ce que le Messie anéantisse l'antéchrist pour être couronné Roi absolu et universel.[13] Nonobstant tout ce parcours spécial du Christ, plusieurs sont restés à leur soif pour s'imaginer le pouvoir du Christ à leur manière.[14] En continuant la mission du Christ sur la terre, l'Église ne se lasse jamais de réaffirmer la vraie nature de la mission du

---

[12] Cf. J. MATEOS – J. BARRETO, *Il Vangelo di Giovanni. Analisi linguistica e commento esegetico*, Cittadella Editrice, Assisi 1982, 298.

[13] Cf. *La Bibbia. Scrutate le Scritture*, 558-559.

[14] Cf. J. RATZINGER, *Gesù di Nazareth*, Rizzoli, Milano 2007, 72-73. Ratzinger explicite bien la nature du Règne de Dieu. Celui-ci n'est pas une chose. Ce n'est pas un espace de domination comme les règnes du monde. Ce n'est pas un règne qui se trouve quelque part sur la carte géographique. Le Règne de Dieu est Personne, la présence de Dieu au milieu des hommes.

Christ qu'elle est censée proclamer dans le monde entier. La mission de l'Église est essentiellement d'annoncer l'Évangile. Celui-ci est le salut et la rédemption opérée par Christ par la communication de la vie divine aux hommes. C'est une mission supranaturelle car, l'Église tire son origine non pas du monde mais de la volonté divine. En se comportant ainsi, l'Église reste dans la mouvance de son fondateur qui ne l'a pas voulue en tant qu'un organe politique mais en tant qu'un règne supranaturel.[15]

Par ailleurs, se limiter à dire que le règne du Christ n'est pas politique serait insuffisant. Une telle limitation a été récupérée par tous ceux qui croient que puisque le règne du Christ n'est pas politique, alors l'Église ne devrait pas s'intéresser des servitudes de tout ordre confondu issues de l'égoïsme des politiques de ce monde. Le non-dit de cette tendance ici serait de ne jamais encourager que l'Église qui annonce l'Évangile du Christ dont le règne n'est pas de ce monde se préoccupe des peines et des misères des hommes dans ce monde. Il est vrai, dans une certaine mesure, que « l'Évangile de Jésus-Christ est un message de liberté et de force de libération ».[16] Cette dernière est d'abord don de la grâce pour la libération des enfants de Dieu de la servitude radicale du péché. Mais plus que cette libération d'ordre spirituel, l'Évangile de Jésus-Christ en appelle à la libération de multiples servitudes d'ordre culturel, économique, social et politique, etc. Comme on peut le constater, toutes ces servitudes dérivent du péché et constituent un obstacle qui empêche les hommes de vivre conformément à leur dignité. C'est dans cette logique que

---

[15] Cf. C. CORRAL, «Relazioni Chiesa-Stato», 905-906.

[16] Cf. CONGREGATION POUR LA DOCTRINE DE LA FOI, Instruction sur quelques aspects de la "Théologie de la Libération" *Liberatis nuntius* (06 août 1984), n.1, in https://www.vatican.va> (Consulté le 27/09/2023).

l'Église s'engage à lutter pour la libération intégrale de l'homme, d'une part, d'ordre spirituel ; et d'autre part, d'ordre culturel, économique, social, politique, etc. Il est donc légitime que l'Église se mette toujours du côté des pauvres et de ceux qui souffrent de toutes ces formes de servitudes du péché, sans tomber dans la tentation des courants de la pensée marxiste.[17] Autrement dit, l'Église ne peut pas prétendre évangéliser sans que l'homme progresse du point de vue civil.[18] Evangéliser implique libérer l'homme de toutes ses servitudes. Tout ceci jette les bases d'un engagement intégral de l'Église pour dénoncer tout ce qui entrave l'épanouissement de l'homme dans la société. Il est donc bien clair que l'Église ne peut pas se laisser subordonner à l'État en considérant ce dernier comme une valeur absolue, capable d'abuser du peuple, dans la défense de ses intérêts idéologiques et égoïstes.

1.1.2. L'État n'est pas une valeur absolue

Même si l'État a toujours défendu bec et ongles sa souveraineté et son indépendance, l'Évangile de Jésus-Christ n'admet jamais que ces deux qualificatifs le

---

[17] Cf. *Liberatis nuntius*, n.1 : « La conscience de la liberté et de la dignité de l'homme jointe à l'affirmation des droits inaliénables de la personne et des peuples est une des caractéristiques moyennes de notre temps. Or, la liberté exige des conditions d'ordre économique, social, politique et culturel qui rendent possible son plein exercice. La vive perception des obstacles qui l'empêchent de se déployer et qui offensent la dignité humaine est l'origine des puissantes aspirations à la libération qui travaillent notre monde. L'Église du Christ fait siennes ces aspirations tout en exerçant son discernement à la lumière de l'Évangile qui est par sa nature même message de liberté et de libération ».

[18] Cf. B. SORGE, *Introduzione alla Dottrina sociale della Chiesa*, 19.

conduisent à se passer d'une valeur absolue.[19] Cette tendance a souvent porté le pouvoir temporel à s'affirmer en tant qu'un dieu sur la terre qui n'a des leçons à ne recevoir d'aucun autre pouvoir. Dans cette optique, les politiques en arrivent facilement à abuser des personnes humaines pour lesquelles ils devraient travailler. Alors là, s'installe un règne d'injustice qui est loin d'être le pouvoir voulu par Dieu pour diriger son peuple. Néanmoins l'Église, de son côté, ne s'arrêtera jamais de prêcher que, bien que l'État soit une institution valide et nécessaire, le peuple ne doit pas lui obéir s'il contredit la volonté de Dieu. Par cette affirmation, on peut saisir sans peine dans un premier temps que l'Église est consciente que le pouvoir vient de Dieu. « Que chacun se soumette aux autorités en charge. Car, il n'y a point d'autorité qui ne vienne de Dieu, et celles qui existent sont constituées par Dieu », dit Saint Paul aux Romains. Ce dernier poursuit en précisant que « aussi doit-on se soumettre non seulement par crainte du châtiment, mais par motif de conscience » (Rm 13,1-7). En âme et conscience, l'Église reconnait la relevance des services de l'État en tant qu'instrument de Dieu pour conduire au bien. Ce n'est que dans ce sens qu'un chrétien doit s'engager à payer les impôts, les taxes et rendre honneur aux autorités civiles dans leurs fonctions pour le bien commun. Cependant, l'Église marche sur les pas du Seigneur en refusant d'obéir à un État qui prend l'élan de s'absolutiser et de se diviniser car, un tel État n'est plus un instrument de Dieu mais de Satan.[20] C'est alors que, de toute urgence, l'Église doit s'engager du côté du bien-être de la personne humaine pour dénoncer avec

---

[19] Cf. C. CORRAL, «Relazioni Chiesa-Stato», 906. On continue à s'inspirer de Corral en tirant de son article certains éléments nécessaires pour organiser cet aspect.
[20] *Ibidem*.

les dernières énergies cet absolutisme de l'État qui ignore son origine divine.

Cette perspective conduit à percevoir que dans le dualisme Église-État, ou mieux Communauté et autorité, il s'est souvent créé une antinomie qui dérive de la volonté de l'autorité ou de l'État à ignorer le bien de la personne humaine. Pour le dire mieux, dans le dualisme d'ordre juridictionnel qui distingue les compétences exclusives de l'Église de celles de l'État, ce dernier en profite parfois pour se radicaliser en défendant les intérêts égoïstes et sataniques des dirigeants au détriment du peuple. Dans cette entreprise injuste, l'État préfère s'éloigner des vertus évangéliques prêchées par l'Église en prétendant protéger sa souveraineté ou son indépendance laïques de tout autre pouvoir. Une fois isolé complètement, alors il peut opérer sans avoir un seul repère moral dans la politique. Si les premiers chrétiens l'avaient parfois vécu, il n'en est pas moins dans l'expérience politique de plusieurs États aujourd'hui. En réalité, un tel contexte antinomique ne doit pas laisser l'Église indifférente face à la souffrance injuste de la personne humaine. Malgré cette distinction nette des compétences avec l'État, l'Église doit continuer à lutter pour influencer les choix politiques sur base du critère ultime qui est le primat de Dieu, la promotion de ce qui est éternel.[21]

Pour mettre de l'ordre dans cette réflexion, on dirait que l'Église doit encourager les chrétiens à faire la part des choses : respecter la compétence de l'autorité civile appelée à travailler pour le bien commun et toujours confesser sa foi dans cette logique. Ceci se résume par « rendre à César ce qui est à César, à Dieu ce qui est à Dieu » (Mc 12,13-17 ; Rm 13, 1-7). Cependant, en cas d'un État divinisé contre son peuple, un État qui devient « la nouvelle idole, le nom le plus froid de tous les

[21] *Ibidem*.

monstres. Il meurt aussi froidement ; et sa bouche laisse échapper ce mensonge : Moi l'État je suis le peuple »[22], l'Église ne peut plus hésiter d'exercer sa compétence qui est d'intervenir pour rappeler la dimension morale dans les questions sociales, économiques et politiques, sans s'ingérer dans les questions techniques qui relèvent de la compétence exclusive de l'État. À vrai dire, il ne s'agit pas de prôner la divinisation d'une compétence ou de l'autre mais d'en arriver autant que possible à la saine coopération entre deux blocs complémentaires détenant des compétences exclusives au service de la personne humaine (Act 4, 19 ; 5, 29).[23]

1.2. DANS LES DOCUMENTS DU CONCILE VATICAN II

D'une manière très générale, les documents du Concile Vatican II font écho de l'enseignement de Jésus-Christ qui n'a pas cédé à la tentation de concevoir son règne selon l'entendement de ceux qui le voulaient en tant que souverain politique de ce monde. De même, il n'a pas non plus accepté que le pouvoir temporel se passe pour une valeur absolue contre le bien de la personne humaine. C'est donc dans cette mouvance que s'inscrit l'enseignement de l'Église qui reconnait le principe du dualisme qui la différentie de la mission de l'État et la possibilité de se rapprocher l'un de l'autre pour une saine coopération en vue du bien de la personne humaine.

1.2.1. Le principe du dualisme Église - État

A en croire Corral, si l'on s'en tient au contenu de la déclaration sur la liberté religieuse *Dignitatis humanae* (DH), on comprend qu'il se fonde sur la doctrine

[22] B. BERNARDI, *La démocratie*, GF Flammarion, Paris 2019, 98-99.
[23] Cf. C. CORRAL, «Relazioni Chiesa-Stato», 906.

traditionnelle, celle du dualisme dans les ordres de la vie humaine, entendu comme sacré et profane, civil et religieux développé par Léon XIII. En plus, le même document se base sur la distinction relevée par Pie XII et Jean XXIII entre la société civile et l'État. Selon le principe du dualisme, en effet, l'Église et l'État sont deux sociétés qui sont mutuellement indépendantes et autonomes. C'est un principe qui s'inspire largement de l'histoire qui a vu soit l'Église sous l'hégémonie de l'État, soit ce dernier sous la conduite de l'Église, soit encore dans une séparation salvatrice entre les deux. Avec le recul du temps, il s'est développé ce principe d'indépendance et d'autonomie réciproques afin qu'aucune d'entre les deux puissances ne s'arroge de nouveau le droit de dominer l'autre. En pratique, le dualisme s'explique selon que l'on se trouverait du côté de l'Église ou du côté de l'État. On parle alors du principe de la liberté du côté de l'Église et du principe de la laïcité et de l'autonomie du côté de l'État.[24]

De la part de l'Église catholique, en effet, on s'appuie sur le principe de la liberté.[25] C'est une liberté qui s'inspire de l'indépendance de l'Église à jouir de ses prérogatives en vue d'organiser sa mission spirituelle sur la terre. C'est un principe essentiellement fondamental.

---

[24] Cf. C. CORRAL, «Relazioni Chiesa-Stato», 906. Cet auteur dont on s'inspire explique très bien le dualisme Église-État en ces termes : « Un principio generale presiede le mutue relazioni : il dualismo di società, Chiesa e Stato, e di attività, ecclesiale e politica (o civile). Ambedue le società sono mutuamente indipedenti e autonome. Ma non possono operare ignorandosi e, meno ancora, opponendosi».

[25] Cf. D. GONNET, *La liberté religieuse à Vatican II. La contribution de John Courtney MURRAY*, Les Editions du Cerf, Paris 1994, 9 : « La question de la liberté religieuse est à nouveau à l'ordre du jour, en particulier dans le monde de l'islam [...]. Jusque-là, le vocabulaire employé par le magistère ne comprenait que les expressions de *liberté de l'Église* en ce qui concernait l'Église, et de tolérance en ce qui concernait les autres religions ».

Par conséquent, l'Église doit s'appuyer sur le pouvoir de Dieu et sur sa liberté et non sur des privilèges lui concédés par le pouvoir civil ou l'inféodation dans un système politique. Ainsi, pour exprimer la liberté d'action du côté de l'Église vis-à-vis de tout autre pouvoir qui puisse exister au monde, DH, n. 13 affirme :

> Parmi les choses qui concernent le bien de l'Église, voire le bien de la cité terrestre elle-même, et qui, partout et toujours, doivent être sauvegardées et défendues contre toute atteinte, la plus importante est certainement que l'Église jouisse de toute la liberté d'action dont elle a besoin pour veiller au salut des hommes. Elle est sacrée, en effet, cette liberté dont le Fils unique de Dieu a doté l'Église, qu'il a acquise de son sang. Elle est si propre à l'Église que ceux qui la combattent agissent contre la volonté de Dieu. La liberté de l'Église est un principe fondamental dans les relations de l'Église avec les pouvoirs publics et tout l'ordre civil.

Voilà pourquoi l'Église doit lutter et revendiquer cette liberté dans la société humaine où elle est obligée d'opérer, surtout dans ses relations avec tous les pouvoirs publics. La revendication de sa liberté est légitime pour deux raisons : premièrement, parce que l'Église est une autorité spirituelle instituée non pas par le pouvoir politique mais par le Christ Seigneur. De fait, l'Église a reçu le mandat divin d'aller par le monde entier prêcher l'Évangile à toute créature. Deuxièmement, puisque l'Église est une association d'hommes ayant le droit de vivre dans la société civile selon les préceptes de la foi chrétienne. De cette liberté, découle la nécessité que l'Église organise sa mission en tant qu'indépendante de tout pouvoir public. Sa mission est plus prolifique dans le contexte où la liberté religieuse est encadrée par des lois en vue d'assurer à l'Église catholique les conditions de droit et de fait de son indépendance pour la réalisation de sa divine mission (DH, n. 13, 3). Ici, il devient normal que l'Église se serve aussi des biens temporels chaque fois que sa mission le lui exige pour le salut des âmes.

Par ailleurs, selon Corral[26], l'État pour son compte s'appuie sur le principe de la laïcité et de l'autonomie. Ce principe vise à ne proclamer aucune religion comme « religion de l'État » tel que c'était instauré dans le passé. Alors que plusieurs États dans l'histoire avaient soutenu que la religion du prince était en même temps la religion de tout un peuple, le principe de la laïcité et de l'autonomie se démarque par le refus de voir l'État opter officiellement pour une religion de sa préférence et obliger tous les peuples à s'y soumettre. En défendant le principe de la laïcité et de l'autonomie, l'État s'engage en même temps à respecter la liberté religieuse des personnes.[27] En fait, bien qu'elle soit complexe et soit faite d'un ensemble de finalités et d'arrangements institutionnels à respecter, la laïcité doit se comprendre, non pas dans le refus de la liberté religieuse, mais dans le cadre plus large de la diversité des croyances et des valeurs auxquelles adhèrent librement les citoyens. C'est de cette façon que le pouvoir public peut promouvoir un vivre-ensemble juste et suffisamment harmonieux entre les citoyens. La laïcité renvoie finalement à la tolérance religieuse, sans que l'État n'opte officiellement pour une religion quelconque qu'il imposerait à tout le monde.[28] C'est ainsi que DH insiste qu'il doit être établi un régime de liberté religieuse complète et égale pour tous devant la loi. A cet effet, il est

---

[26] Cf. C. CORRAL, «Relazioni Chiesa-Stato», 907.

[27] Cf. J. LALOUETTE, *La séparation des Églises et de l'État. Genèse et développement d'une idée 1789-1905* (Ebook). Cf. G. PAOLO II, « Il rispetto delle differenze » (5 ottobre 1995), in QUADERNI DELL'OSSERVATORE ROMANO, *La Santa Sede nei Balcani*, Città del Vaticano, 43.

[28] Cf. J. MACLURE – C. TAYLOR, *Laïcité et liberté de conscience*, Les Editions du Boréal, Québec 2010, 11-13.

absurde que l'État soit indifférent dans ses fondements et dans les conséquences du régime de liberté religieuse.

Malgré la laïcité ou l'autonomie de l'État, Corral[29] est convaincu que les pères conciliaires n'ont pas eu l'intention de promouvoir une conception relativiste de l'État comme si l'erreur doit avoir les mêmes droits que la vérité, comme s'il n'existait aucune norme objective de la vérité. Au contraire, tout l'ordre juridique, le bien commun et les finalités de la société et des pouvoirs publics sont soumis à la loi morale. En favorisant la vie religieuse, l'autorité publique accepte de purifier constamment son action par des valeurs morales qui devraient soutenir toute société des hommes. Voilà pourquoi Bellia affirme que le dualisme entre l'Église et l'État est insurmontable et indestructible. La nature et les fins de la société politique sont différentes de celles de l'Église du Christ. Les deux peuvent être en conflit lorsque les premières se présentent comme absolues ou antagonistes et prétendent envahir le camp de la conscience. Le dualisme a accompagné et accompagnera toujours l'histoire des rapports entre l'Église et l'État avec un dynamisme dialectique tout particulier.[30]

1.2.2. Le principe de la saine coopération

Conscient de l'indépendance et de l'autonomie de l'Église et de l'État, étant tous les deux au service de la vocation personnelle et sociale des mêmes hommes, en vue d'un exercice efficace dudit service pour le bien de tous, l'Église catholique encourage une saine coopération avec l'État dans les limites des circonstances de temps et

[29] Cf. C. CORRAL, «Relazioni Chiesa-Stato», 907.

[30] Cf. S. BELLIA, *Chiesa e Stato nel pensiero di Luigi STURZO*, Il Pozzo di Giacobbe, Napoli 2020, 141-142.

de lieu.[31] Cet effort pour la saine coopération entre l'Église et l'État n'est rien d'autre que la prise de conscience de la part de l'Église de la vérité selon laquelle l'homme ne se limite pas aux seuls horizons terrestres. Au contraire, il se plait à vivre inséré dans l'histoire humaine tout en conservant intégralement sa vocation éternelle. De cette manière, l'Église doit toujours puiser dans l'amour du Rédempteur pour contribuer à étendre partout le règne de la justice et de la charité.[32] A ce sujet, les paroles de la Constitution pastorale *Gaudium et spes* (GS), n. 76, 3 sont très éloquentes :

> Sur le terrain qui leur est propre, la communauté politique et l'Église sont indépendantes l'une de l'autre et autonomes. Mais toutes deux, quoi qu'à des titres divers, sont au service de la vocation personnelle et sociale des mêmes hommes. Elles exercent d'autant plus efficacement ce service pour le bien de tous qu'elles rechercheront davantage entre elles une saine coopération, en tenant également compte des circonstances de temps et de lieu. L'homme, en effet, n'est pas limité aux seuls horizons terrestres, mais, vivant dans l'histoire humaine, il conserve intégralement sa vocation éternelle. Quant à l'Église, fondée dans l'amour du Rédempteur, elle contribue à étendre le règne de la justice et de la charité à l'intérieur de chaque nation

---

[31] Cf. *Gaudium et spes*, n. 76, 3.

[32] Cf. G. DALLA TORRE, *La Chiesa e gli Stati. Percorsi giuridici del Novecento*, Studium Edizioni, Roma 2017, 105: « Non si tratta di uno sconfinamento della autorità ecclesiastica nel campo di ciò che è proprio di Cesare, né di una mera forma di supplenza rispetto ad eventuali diserzioni della autorità politica dai compiti suoi propri; si tratta invece della risposta all'ontologico dovere di porsi, per quanto di propria competenza e nei limiti di questa, al servizio della vocazione personale e sociale della persona umana; servizio cui concorre, nell'ambito delle diverse responsabilità sue proprie, l'autorità civile. Ed in questo contesto una attenzione peculiare è quella rivolta al diritto di libertà religiosa che in una prospettiva teologica, come ricordava Benedetto XVI, ha come oggetto proprio la dimensione costitutiva dell'uomo, data dalla sua relazione con il Creatore».

et entre les nations. En prêchant la vérité de l'Évangile, en éclairant tous les secteurs de l'activité humaine par sa doctrine et par le témoignage que rendent des chrétiens, l'Église respecte et promeut aussi la liberté politique et la responsabilité des citoyens.

Rien que dans la subtilité de son vocabulaire, le document conciliaire GS prend soin de préciser que quand l'Église prône la coopération avec les communautés politiques, c'est-à-dire au niveau national et supranational, elle ne s'arrête pas à soutenir la coopération mais la « saine coopération ». Celle-ci veut simplement dire que cette coopération ne peut être ni au détriment de l'Église, ni de l'État, ni de la personne humaine. Cette certitude s'inspire de la souveraineté de chaque puissance dans son ordre et dans sa propre sphère de compétence et de responsabilité. Le service de la vocation personnelle et sociale des mêmes hommes devient la raison pour laquelle l'Église et l'État sont invités, selon GS, à coopérer. Cette saine coopération permettra d'exercer efficacement ce service pour le bien de tous. L'option pour cette saine coopération veut dire que l'homme, même s'il vit dans l'histoire humaine ne s'y enferme pas. Sa vocation éternelle l'oblige à ne pas se limiter aux horizons terrestres. C'est donc la tâche de l'Église, dans la coopération avec l'État, de contribuer continuellement à étendre le règne de la justice et de la charité non seulement en prêchant la vérité de l'Évangile mais aussi en éclairant tous les secteurs de l'activité humaine tendue vers sa vocation éternelle. Inspirée par l'amour du Rédempteur et renforcée par sa doctrine et par les témoignages des chrétiens, l'Église doit toujours s'engager à respecter et promouvoir la liberté politique et la responsabilité de tous les citoyens.

Quant à l'État, tel que précisé par Corral[33] en effet, la saine coopération veut dire trois formes de signe positif. La première et la plus générale forme de coopération de l'État avec la religion et avec l'Église se trouve dans l'effort à atteindre une finalité à l'avantage de l'État. Il s'agit de la création et du maintien de l'ordre social juste dans la progression dynamique parfaite. Sa poursuite est la garantie efficace et le moyen le plus sûr de l'expansion de l'Évangile pour sa propre vertu, pour la force de Dieu. La deuxième forme de coopération, aussi générale soit-elle, est la garantie du côté de l'État, de la liberté et indépendance de l'Église parce qu'elles sont réclamées par sa mission salvifique. La troisième forme de prestation d'aide de la part de l'État à la religion est plus positive. C'est la promotion et la facilitation des valeurs religieuses. Le pouvoir civil a le devoir de créer des conditions propices pour favoriser la vie religieuse.[34] Ainsi, les citoyens seront réellement capables d'exercer leurs droits liés à la religion et de remplir leurs devoirs respectifs. A propos, DH, n. 6 déclare ce qui suit :

C'est pour tout pouvoir civil un devoir essentiel que de protéger et promouvoir les droits inviolables de l'homme. Le pouvoir civil doit donc, par de justes lois et autres moyens appropriés, assumer efficacement la protection de la liberté religieuse, de tous les citoyens et assurer des conditions favorables au développement de la vie religieuse en sorte que les citoyens soient à même d'exercer effectivement leurs droits et de remplir leurs devoirs religieux, et que la société elle-même jouisse des biens de la justice et de la paix découlant de la fidélité des hommes envers Dieu et sa sainte volonté.

Revenant aux trois formes de coopération entre l'État et l'Église, il ne faut pas négliger le fait qu'à celles-ci, correspondent d'autres devoirs, peut-être négatifs dans

---

[33] Cf. C. CORRAL, «Relazioni Chiesa-Stato», 907.

[34] *Ibidem*, 908.

leur acception, que Corral[35] n'a pas négligés dans sa réflexion. Le premier est qu'en matière religieuse, nul ne soit forcé d'agir contre sa conscience ni empêché d'agir, dans de justes limites, selon sa conscience, en privé comme en public, seul ou associé. De ce fait, il faut prévoir que l'égalité des citoyens ne soit pas offensée discrètement ou publiquement pour des motifs religieux. Le deuxième est d'éviter que les discriminations s'établissent entre les citoyens. Le troisième constitue le devoir de ne pas faire obstacle à la religion.

Le principe de la saine coopération ne fait que rappeler à qui veut l'entendre que l'autonomie réciproque de l'Église et de l'État ne comporte pas une séparation qui exclut leur collaboration. Les deux sont au service de la vocation personnelle et sociale des mêmes hommes.[36]

1.3. DANS LE CODE DE DROIT CANONIQUE : PACTA SUNT SERVANDA

Les rapports entre le Siège apostolique et les Autorités des États occupent une place de choix dans le Code de droit canonique de 1983 (CIC/1983).[37] Ainsi, le fait de nommer indépendamment des Légats et de les envoyer auprès des Églises particulières dans les diverses nations ou régions, ou en même temps auprès des États et Autorités publiques en est une illustration parfaite. Tout cet effort de coopération se concrétise par l'élaboration et la mise en œuvre des concordats et autres conventions du même genre (cf. cann. 362-365). En se rapprochant des

---

[35] *Ibidem*, 908.

[36] Cf. PONTIFICIO CONSIGLIO DELLA GIUSTIZIA E DELLA PACE, *Compendio di dottrina sociale della Chiesa*, Libreria Editrice Vaticana, Città del Vaticano 2005, n. 425.

[37] On se servira du sigle CIC/1983 pour désigner le Code droit canonique de 1983.

États et des Autorités publiques, le Siège Apostolique ne peut pas ne pas se conformer aux règles du droit international qui normalement régissent ses rapports avec ceux-ci. Dans cette optique, le recours au principe du droit international *Pacta sunt servanda* n'est qu'un allant de soi.

Même si la préoccupation ici est de traiter des relations Église-État selon la vision du Code de droit canonique (CIC/1983), il s'avère impérieux de partir des dispositions de *Christus dominus* (CD), n. 20 pour percevoir la capacité de l'Église catholique à sauvegarder non seulement son indépendance et son autonomie mais aussi la saine coopération avec les États ou les Autorités publiques. Consciente du principe du droit international *Pacta sunt servanda* qui oblige les signataires d'un accord à les observer sous peine de sanctions, l'Église prie les autorités civiles à renoncer d'elles-mêmes aux droits et privilèges d'antan dont elles ont joui par convention ou par coutume. A ce propos, CD, n. 20 déclare :

> Puisque la charge apostolique des évêques a été instituée par le Christ Seigneur et qu'elle poursuit une fin spirituelle et surnaturelle, le saint Concile œcuménique déclare que le droit de nommer et d'instituer les évêques est propre à l'autorité ecclésiastique compétente, et qu'il est particulier et de soi exclusif. Aussi, pour défendre dûment la liberté de l'Église, pour promouvoir le bien des fidèles d'une manière plus appropriée et plus aisée, c'est le vœu du Concile qu'à l'avenir ne soient plus accordés aux autorités civiles aucun droit ni aucun privilège d'élection, de nomination, de présentation ou de désignation en vue de la charge épiscopale. Les autorités civiles, dont le saint Concile reconnait avec gratitude et estime les dispositions déférentes à l'égard de l'Église, sont très courtoisement priées de bien vouloir renoncer d'elles-mêmes, en accord avec le Siège apostolique, à ces droits et privilèges dont elles jouissent actuellement en vertu d'une convention ou d'une coutume.

Les paroles du décret CD, n. 20 peuvent paraitre offenseuses à l'égard des autorités civiles en ce qui concerne des droits et des privilèges d'élection, de nomination, de présentation ou de désignation en vue de la charge épiscopale dont elles bénéficiaient dans le passé. Toutefois, pour qui prend conscience des conflits historiques qui ont caractérisé les relations Église-État, ne peut aller autrement qu'encourager l'Église catholique à prendre toutes les dispositions afin que l'État ne jouisse plus de ce genre de privilèges conflictuels. Mais pour ne pas balayer d'un revers de main les conventions et les coutumes qui ont fait long feu entre les deux puissances, conformément au principe du droit international *Pacta sunt servanda*, le Concile Vatican II prévient les autorités civiles de renoncer librement à ces privilèges à partir dudit concile, sans abroger les effets des conventions précédentes.[38] Cela éviterait que l'État s'ingère dans la compétence propre de l'Église catholique, indépendante et autonome dans l'organisation de sa mission spirituelle. En même temps, les deux collaborateurs seraient préparés et avertis d'une part, à respecter la liberté de l'Église et le droit international ; d'autre part, à renoncer aux conventions et accords signés dans le passé basés sur des privilèges de l'État vis-à-vis de l'Église.

Revenant aux normes canoniques, le can. 3 tirant sa source entre autres de CD, n. 20, rassure à tous les États ou autres sociétés politiques que le Code de droit canonique de 1983 ne vient pas abroger les conventions ou les accords qui avaient été signés avec l'Église. C'est l'application claire du principe du droit international *Pacta sunt servanda* dont il est question ici. Le can. 3 récite :

> Les canons du Code n'abrogent pas les conventions conclues par le Siège Apostolique avec les États ou les autres sociétés politiques et n'y dérogent pas ; ces conventions gardent donc

---

[38] Cf. L. CHIAPPETTA (a cura di), *Il Codice di diritto canonico. Commento giuridico-pastorale*, Edizioni Dehoniane, Napoli 1988, 5.

leur vigueur telles qu'elles existent présentement nonobstant les dispositions contraires du présent Code.

A s'en tenir à l'interprétation de cette norme, on comprend qu'elle s'applique à toutes les conventions stipulées avant l'entrée en vigueur du Code de 1983. Pris dans un sens très générique, il est question ici de tous les accords, concordats, protocoles, conventions et tous les traités de ce genre. Néanmoins, quant aux conventions successives, elles tiendront compte des dispositions en vigueur dans le Code de 1983. Puisque toutes ces dispositions font partie de la normative canonique, la succession des lois selon les cann. 20 et 21 s'y applique avec tous les effets. En fait, une loi nouvelle ne peut abroger la précédente que si elle le déclare expressément ou si elle lui est directement contraire ou si elle lui réorganise entièrement la matière. Aussi, est-il qu'en cas de doute, la révocation d'une loi en vigueur ne peut en aucun cas être présumée. Seulement, les lois nouvelles doivent non seulement être rapprochées des lois antérieures, mais aussi être conciliées avec elles. Si l'on reste dans l'interprétation du can. 3, faisant référence au can. 361 du CIC/1983, on explique le terme de « Siège apostolique » – quelque fois « Saint-Siège », non seulement par le Pontife Romain, mais aussi par le Secrétaire d'État, le Conseil pour les affaires publiques de l'Église et les autres Instituts de la Curie Romaine. Cette explication tient aussi longtemps que la nature des choses ou le contexte ne laisse comprendre autrement. De même, la locution « autres sociétés politiques » renvoie à des organismes internationaux permanents tels que l'ONU et ceux qui lui sont liés avec lesquels le Siège Apostolique peut stipuler des conventions. On y inclut aussi des conférences à caractère international auxquelles le Siège apostolique peut participer puis stipuler des traités internationaux. Le motif de la prévalence des conventions internationales par rapport au CIC/1983 est le fait qu'elles sont régies par le principe de droit international signalé ci-haut (*Pacta sunt servanda*), avec la clause complémentaire : *Rebus sic stantibus*, c'est-à-dire littéralement « les choses restant en l'état ».[39] A titre d'illustration, si dans le passé certaines conventions ont eu le privilège de nommer, de désigner ou de présenter un candidat pour l'épiscopat, à partir du CIC/1983, c'est désormais le Pontife Suprême qui nomme librement les Évêques ou il confirme ceux qui ont été légitimement élus (cf. can. 377, § 1).

---

[39] Cf. *Codice di diritto canonico commentato* (a cura della Redazione di Quaderni di diritto ecclesiale), Ancora Editrice, Milano 2001, 100-101.

CHAPITRE. II : SYSTEMES DES RELATIONS ENTRE L'ÉGLISE ET L'ÉTAT

D'aucuns n'ignorent que depuis le temps le plus reculé, les relations entre l'Église et l'État ont souvent été très instables. Ainsi, ceux qui s'y intéressent développent des théories ou des systèmes qui permettent de mieux comprendre l'attitude des États vis-à-vis de la religion dans des territoires nationaux. Ici quand on parle de la religion, on ne veut pas insinuer seulement la religion catholique mais aussi celle d'autres confessions religieuses. A cet effet, on continue à s'appuyer sur Corral[40] pour considérer trois systèmes largement connus en cette matière. Il s'agit des systèmes de confessionnalité ou de reconnaissance spéciale, de laïcité ou de séparation, et de l'athéisme de l'État.

2.1. SYSTEME DE CONFESSIONNALITE OU DE RECONNAISSANCE SPECIALE

Le rapport entre le pouvoir et la société détermine la direction que doit prendre la vie de tout un peuple. Dans un tel contexte, la religion a toujours occupé une place de

---

40 Cf. C. CORRAL, «Relazioni Chiesa-Stato: Sistemi vigenti» (*relationes inter Ecclesiam et Statum: systemata vigentia*), in C. CORRAL SALVADOR – V. DE PAOLIS – G. GHIRLANDA (a cura di), *Nuovo dizionario di Diritto Canonico*, San Paolo, Milano 1993, 899-905. On continue à s'appuyer sur cet auteur à cause de la pertinence et de la clarté de sa classification. Cela n'exclut pas qu'on l'enrichisse avec d'autres sources plus récentes, en l'occurrence le livre suivant : J.-P. SCHOUPPE, *Diritto dei rapporti tra Chiesa e comunità politica. Profili dottrinali e giuridici*. Subsidia canonica, EDUSC, Roma 2018, 191-198.

choix. De fait, Corral[41] reconnait que l'histoire a connu des pouvoirs qui ont voulu s'unifier à la religion en faisant des valeurs de cette dernière le code d'organisation juridique du pouvoir et de toute la société. Il y a des pouvoirs qui se sont tellement identifiés avec la religion au point de parler du monisme dans un système de confessionnalité. D'autres ont réservé à la religion une place essentielle en la reconnaissant spécialement dans sa mission spirituelle. L'exemple concret serait celui du dualisme. Ce courant rappelle bel et bien que Jésus-Christ a voulu introduire un nouvel ordre juridique, celui de l'Église, mais sans avoir la prétention d'éliminer l'ordre juridique de la nature humaine qui existait déjà. En même temps, cet ordre juridique civil est légitime dans la mesure où il s'occupe des questions qui touchent à la dimension sociale sur le plan humain et religieux.[42]

Parmi les systèmes de confessionnalité[43], on note celui d'États de confessionnalité musulmane. Dans la conception islamique de droit, de l'État et de la religion, le monisme absolu domine d'une manière radicale. Ainsi, la loi n'est rien d'autre que l'aspect pratique de la doctrine religieuse et sociale prêchée par Mahomet. Le droit musulman est la source principale de toute la législation. Ne peut jouir des droits de l'homme dans l'Islam que l'homme adulte, libre et musulman. Tous ceux qui ne sont pas musulmans et des esclaves bénéficient seulement d'une protection partielle ou ils n'ont carrément pas de capacité juridique. Dans ce monisme absolu, celui qui abandonne sa foi ou agit contre les principes musulmans, perd d'office la nationalité d'un État musulman. Parmi les

---

[41] Cf. C. CORRAL, «Relazioni Chiesa-Stato: Sistemi vigenti», 899.

[42] Cf. C.J. ERRÁZURIZ M., *I beni giuridici ecclesiali, la dichiarazione e la tutela dei diritti nella Chiesa, i rapporti tra la Chiesa et la Società civile*, Giuffrè Editore, 707.

[43] Cf. C. CORRAL, «Relazioni Chiesa-Stato: Sistemi vigenti», 900.

conséquences qu'il faut considérer, l'apostasie peut aussi provoquer la dissolution du mariage, l'ouverture de la succession et la mort civile. Le prosélytisme est strictement prohibé pour toutes les autres religions alors que l'Islam soi-même investit dans le prosélytisme. Parmi les États musulmans, à titre d'exemple, on peut citer l'Iran, l'Algérie, etc.[44] Dans la même logique, on a aussi des États de confessionnalité bouddhiste. Ceux-ci reconnaissent le Bouddhisme comme religion officielle ou comme la foi du peuple dans leurs Constitutions. En face d'autres religions, les États bouddhistes accueillent deux principes des Nations Unies : l'égalité de tous les citoyens devant la loi sans discrimination et la liberté de pensée, de conscience et de religion. La Birmanie et la Thaïlande font partie de ces États.[45]

Dans le registre de ces États de confessionnalité, on classe aussi les États de confessionnalité chrétienne avec une très grande diversité. On distingue parmi eux, les États de confessionnalité anglicane, catholique, évangélique (luthérienne) et gréco-orthodoxe. La confessionnalité anglicane est vue comme le modèle des libertés publiques modernes. Parmi les États de ce système, l'Angleterre conserve encore le système d'une Église dite d'*Establishment* qui promeut la liberté religieuse pour toutes les religions. Malgré celle-ci, selon les dispositions normatives en effet, celui qui veut prendre le trône doit se conformer à la communion de l'Église d'Angleterre dans sa confessionnalité anglicane. Les catholiques sont donc exclus du trône. Dans les États de confessionnalité évangélique (Norvège, Finlande, Island, Danemark), l'Église se constitue comme une Église nationale à laquelle appartiennent tous les citoyens et l'État soi-même. Et la confessionnalité gréco-orthodoxe, religion

---

44 *Ibidem*.

45 *Ibidem*, 900.

prédominante en Grèce, garantit la liberté à toutes les autres religions en prohibant le prosélytisme. Néanmoins, la confessionnalité catholique est particulière. Si dans le passé le confessionnalisme était le modèle des États catholiques, aujourd'hui c'est une réalité exceptionnelle de certaines nations comme celle de Monaco, à en croire Schouppe.[46] Ainsi donc, quand on parle d'États catholiques, on fait souvent allusion à la majorité des catholiques qui s'y trouvent. Ceci ne veut pas forcément dire que la religion catholique serait la religion officielle de l'État.[47] Qu'à cela ne tienne, les efforts de collaboration entre la religion catholique et le pouvoir en place sont toujours fournis sans savoir parfois jusqu'où s'étendrait cette collaboration pour parler des États catholiques (exemple : Monaco, Argentine, Colombie, Santo Domingo, Panama, etc).[48]

Toutefois, on ne perdra pas de vue que le système de confessionnalité au sens strict qui a eu ses lettres de noblesse hier, n'émerge pas au même rythme aujourd'hui dans la société moderne où le pluralisme religieux et l'affirmation de la liberté religieuse mettent parfois en difficulté son application au point de le relativiser.[49]

2.2. SYSTEME DE LAICITE OU DE SEPARATION

En son temps, Saint Augustin a distingué la cité terrestre (cité des ennemis) de la cité de Dieu. De son côté, Saint Thomas d'Aquin a hiérarchisé des lois, pour différencier des lois éternelles divines et naturelles, des lois positives (humaines). Certains penseurs estiment que

---

[46] Cf. J.-P. SCHOUPPE, *Diritto dei rapporti tra Chiesa e comunità politica,* 194.
[47] *Ibidem.*
[48] Cf. C. CORRAL, «Relazioni Chiesa-Stato: Sistemi vigenti», 900-901.
[49] Cf. C.J. ERRÁZURIZ M., *I beni giuridici ecclesiali,* 706.

cette distinction bipartite ou dualiste aurait fortement influencé la laïcisation des institutions politiques.[50] Fort logiquement, cette vision des choses a relativisé le « faire la politique » en faisant justement sortir de la politique la sphère intangible de la personne humaine. C'est ainsi que Gauchet entend la laïcité comme une « sortie de la religion ».[51] Que veut-il dire par cette expression ? En fait, quand celui-ci aborde la thématique de la laïcité, il parle de la religion dans la démocratie, sans trop utiliser le terme de « laïcité ». Il préfère plutôt utiliser l'expression « sortie de la religion », surtout dans le contexte de la France, pour caractériser le mouvement de la modernité. Il poursuit en relevant que ce phénomène a affecté l'ensemble des sociétés occidentales sous des formes diverses au point de se manifester en tant que laïcité en France. Ainsi, on a entendu des slogans tel que « nul parmi nous ne peut plus se concevoir en tant que citoyen, commandé par l'au-delà. La cité de l'homme est l'œuvre de l'homme ». Pour revenir à son expression chère, la « sortie de la religion ne signifie pas sortie de la croyance religieuse, mais sortie d'un monde où la religion est structurante, où elle commande la forme politique des sociétés et où elle définit l'économie du lien social. Une thèse qui s'inscrit en faux contre la compréhension du phénomène religieux en termes de superstructure ».[52]

Cette façon d'aborder la question de laïcité ou de séparation suscite des tendances interprétatives très diversifiées en la matière. Tout dépend de l'angle sous lequel on veut orienter son interprétation. En effet, Sous

---

[50] Cf. R. PEZZIMENTI, *Politica e religione. Saggio filosofico sulla secolarizzazione nella modernità*, Rubbettino Editore, Soveria Mannelli 2021, 309-319.

[51] M. GAUCHET, *La religion dans la démocratie. Parcours de laïcité*, Éditions Gallimard, 1998, 9-10.

[52] *Ibidem*, 13.

un angle institutionnel, Corral estime que le système de laïcité ou de séparation est adopté dans tous les États qui, d'une part, ne reconnaissent pas une religion officielle de l'État, en proclamant plus ou moins expressément le principe politique religieux de séparation de l'Église ; d'autre part, ces États affirment de garantir effectivement la liberté religieuse[53] de leurs citoyens dans ce format. Malgré cette tendance séparatiste laïque, la charte de l'ONU sur la Déclaration universelle des droits de l'homme et sur la liberté religieuse stipule que les États respectent la liberté de pensée, de conscience et de religion de leurs citoyens. Ainsi, plusieurs ont inséré dans leurs Constitutions cette disposition universelle de droit de l'homme. C'est ce qui conduit à divers systèmes de séparation tels que la séparation entre l'État et l'Église sans possibilité de professer une religion devant Dieu ; la séparation mixte ou séparation coordonnée, celle qui permet la signature des concordats entre la religion, avec le Saint Siège et l'État. Parmi ces États, on compte ceux qui acceptent de promouvoir une coordination de l'État avec les Églises de façon générale, ou avec l'Église catholique particulièrement. Voilà pourquoi, pour ces derniers cas, ces États ont signé des concordats, des conventions et des accords avec le Saint-Siège.[54]

Quant à Sapir, la question du système de laïcité ou de séparation est très liée à celle de la défense de la souveraineté dans les relations entre l'État et les Églises. Au cours de l'histoire, les deux puissances ont exercé réciproquement des influences qui ont conduit tantôt à

[53] Cf. D. GONNET, *La liberté religieuse à Vatican II*, 124: «L'apport essentiel de Murray dans cet article est de montrer comment un droit ne peut pas exister sans son insertion sociale, sa reconnaissance juridique et son cadre politique. L'homme est un être social pour qui le bien commun est aussi important que le bien individuel résultant de la protection des droits ».

[54] Cf. C. CORRAL, «Relazioni Chiesa-Stato: Sistemi vigenti», 902-903.

l'hégémonie de l'une sur l'autre, tantôt ou à l'asservissement de l'une par l'autre. Au bout du compte, les deux ont exprimé la préoccupation de se séparer l'une de l'autre en défendant chacune sa souveraineté, son indépendance et son autonomie. Ainsi, parler de la laïcité implique la défense de la souveraineté. Sans être un supplément d'âme pour une République, soutient Sapir, elle en est la réalité et le ciment. Selon ce dernier, un État qui oblige le peuple à se définir selon les croyances religieuses ou des signes d'appartenance aboutit à briser l'unité de tout un peuple. Toutefois, le même auteur insiste sur la nécessité de séparer la sphère privée de la sphère publique en les faisant fonctionner autour des principes de la séparation et de la coordination.[55]

De son côté, par ailleurs, Jacqueline aborde la notion de laïcité ou de séparation sous un angle optimiste qui ne serait pas, à proprement parler, un radicalisme dans les relations entre les deux puissances, c'est-à-dire l'Église et l'État. C'est dans cette optique qu'elle précise que la laïcité serait un dispositif juridique et une position philosophique qui permet à tous les citoyens d'un même pays de coexister paisiblement malgré leurs divergences en matière religieuse. Pour celle-ci, au lieu que la laïcité s'explique par la séparation, elle devient, par ce fait, « le vivre-ensemble » en dépit des divergences religieuses. Au-delà de son optimisme, elle relève avec respect qu'il existe trois niveaux d'interprétation du système de laïcité d'un État. D'abord, il y a une interprétation basse qui admet sans hésitation que la laïcité coexiste avec un système de type concordataire. Ensuite, il existe une interprétation médiane qui fait de la séparation l'alpha et l'oméga de la laïcité. Enfin, elle fait remarquer l'interprétation haute qui

---

[55] Cf. J. SAPIR, *Souveraineté, démocratie, laïcité*, Michalon Editeur, Paris 2016 (Ebook).

ne connait que la laïcité de l'État consacrée par la Constitution.[56]

Au-delà de toutes ces opinions parfois divergentes sur le système de laïcité ou de séparation entre l'Église et l'État, force est de reconnaitre que plusieurs États s'efforcent de défendre leur souveraineté en l'ouvrant à la coopération avec l'Église. Du coup, une laïcité comprise dans le sens du respect de compétence entre l'Église et l'État ou de tolérance religieuse à tout le monde sans influencer une seule religion devient l'occasion d'un rapprochement en vue d'une saine coopération qui se manifeste à travers des concordats, des conventions ou des accords entre les deux puissances. De cette manière, il faut avouer que cette tendance rejoint le système mixte ou celui de coordination qui sont devenus aujourd'hui le *meanstream* des États démocratiques qui sont conscients que la collaboration entre l'Église-Religion et l'État ne devrait pas être une surprise mais une réalité inhérente à la nature des choses.[57]

2.3. SYSTEME D'ATHEISME DE L'ETAT

D'une façon très descriptive, Corral confronte l'athéisme de l'État aux systèmes exposés ci-dessus. Alors que les systèmes précédents instaurent un régime de séparation entre l'Église et l'État, en rassurant d'une part, l'autonomie à l'État dans sa propre sphère ; d'autre part, ils garantissent une liberté religieuse authentique aux citoyens et aux communautés religieuses, il se développe un autre système inspiré du communisme. Sous l'apparence de séparation, celui-ci prétend implanter le

[56] Cf. J. LALOUETTE, *La séparation des Églises et de l'État. Genèse et développement d'une idée : 1789-1905*, Editions du Seuil, Paris 2005 (Ebook).

[57] Cf. J.-P. SCHOUPPE, *Diritto dei rapporti tra Chiesa e comunità politica,* 197-198.

matérialisme dialectique et la soumission de toutes les personnes à ce système. Au lieu de parler du système de séparation, l'athéisme de l'État développe un système contre l'État confessionnel, c'est-à-dire un État essentiellement antireligieux. Le marxisme signe le paroxysme de l'athéisme en défendant la conception juridique de l'État, du droit, de la justice et de la liberté religieuse. Dans ce sens, l'État n'est rien d'autre qu'une machine pour le maintien de la domination d'une classe sur une autre.[58]

Si cet athéisme de l'État a été d'une intransigeance obscurantiste dans le passé, son éclosion dans la société actuelle ne se manifeste pas toujours d'une manière ostentatoire. La défense de la liberté de conscience et de religion fait qu'un tel système athéiste bute sur des organisations internationales de défense de droit de l'homme qui obligent les États non pas tellement à être confessionnels, mais à reconnaitre la liberté religieuse des citoyens dans le respect du principe de la laïcité de l'État. Cette orientation révèle l'idée selon laquelle un État peut bel et bien se réclamer athéiste, en manifestant son hostilité envers la religion. Mais la liberté religieuse de ses citoyens ne peut en aucun cas être négociée à cause de son penchant athéiste qui ne devrait caractériser que la vie de ses protagonistes.[59]

---

[58] Cf. C. CORRAL, «Relazioni Chiesa-Stato: Sistemi vigenti», 903-904.

[59] Cf. J.-P. SCHOUPPE, *Diritto dei rapporti tra Chiesa e comunità politica,* 191. L'auteur reconnait que la notion des rapports entre l'État et les églises est très complexe. Cela tient dans la mesure où on n'arrive pas toujours à apprécier à juste titre la politique de certains États vis-à-vis de la religion. Ainsi, certains gouvernements donnent l'impression de soutenir la séparation ou la laïcité alors qu'en réalité ils combattent la religion en refusant de garantir la liberté religieuse, au point de glisser vers l'athéisme de l'État.

CHAPITRE III : RELATIONS EGLISE – ETAT EN R.D. CONGO AUJOURD'HUI

Le rapport entre l'Église et l'État en R.D.Congo constitue l'un des piliers majeurs de l'histoire du Congo. Ce constat tient dans la mesure où dès le début de la mission colonisatrice au Congo, les colonisateurs ont eu besoin de l'apport de l'Église. Parmi les piliers de la politique belge, on distinguait : l'État, l'Église et le capital.[60] Fort logiquement, dans une certaine mesure, plusieurs missionnaires avaient été vus par des peuples autochtones comme étant des complices à abattre à cause de leur proximité avec des colons. Qu'en est-il aujourd'hui ? La laïcité de l'État congolais est-elle devenue une tendance athéiste[61] qui repousse jusqu'à la dernière énergie en premier lieu l'Église catholique, ensuite toutes les confessions religieuses, sauf celles qui brillent par leur indifférence face aux situations de

---

[60] Cf. G. GIOVANNI, *Congo nel cuore delle tenebre*, V. Mursia, Milano 1966, 66-139.

[61] Cf. S. BELLIA, *Chiesa e Stato nel pensiero di Luigi STURZO*, 118; 121: «Don Sturzo evita decisamente con la sua posizione questo pericolo e riduce lo Stato alla sua vera funzione inducendo gli individui ad avere coscienza della preminenza della loro azione e finalità su quella dello Stato, di cui sono autori e organizzatori al servizio della loro persona. Egli s'innesta più profondamente nella concezione cattolica dello Stato: distante dalle concezione liberale dello Stato panteista, unica fonte dell'etica, del potere, del diritto[...] Indubbiamente grande quindi la missione dello Stato; per nulla angusti, poveri, limitati i suoi compiti. Ma nella grandezza della sua missione, nella vastità dei suoi specifici compiti lo Stato deve sempre ricordare di essere al servizio della persona umana. Lo Stato moderno pertanto che ha voluto farsi fine dell'uomo, che ha voluto assorbire e risolvere in sé i diritti e i valori della persona umana deve essere portato al suo giusto posto».

médiocrité, d'injustices, de corruption ou d'autres types d'immoralité ?

3.1. ETAT DE LIEU

On n'a pas la prétention de retracer ici l'histoire du Congo en épinglant la nature des relations que l'Église catholique a entretenues avec l'État Congolais depuis le règne de Léopold II jusqu'à nos jours. Toutefois, on ne saurait se lancer dans le commentaire et l'analyse de l'Accord-cadre entre l'État Congolais et le Saint-Siège sans préciser au préalable la situation du contexte congolais actuel où parfois l'idéologie politique influence le peuple pour jeter un discrédit sur tout ce que l'Église catholique réalise comme mission pour le bien commun et celui de la personne humaine.

On serait sentimental si on ne reconnait pas que dans le passé, l'Église catholique a donné l'impression d'être partenaire du gouvernement colonial dans l'exploitation des nègres. Cette perplexité ne permettait pas de bien saisir la vraie mission de l'Église dont « l'objectif poursuivi était d'arracher ces peuples à l'esclavagisme et au paganisme, l'antiesclavagisme allant de pair avec l'évangélisation ».[62] Adam Hochschild rapporte un scénario qui rejoint l'idée selon laquelle les missionnaires et colons belges ont travaillé pour l'aliénation des autochtones au Congo. En effet, après avoir reçu des enfants qui étaient amenés dans leur centre de santé à cause des tortures qu'ils avaient subies, une religieuse supérieure d'une colonie catholique au Congo déclara avec une piété cruelle : « Nos bonnes sœurs ne sont pas parvenues à sauver ces enfants, mais tous ont eu la joie d'être baptisés. Pour l'heure, ils sont des anges qui, du

---

[62] I. NDAYWEL È NZIEM, *Histoire du Congo. Des origines à nos jours*, Afrique Editions, Kinshasa 2010, 99.

ciel, prient pour notre roi Léopold II ».[63] Moins qu'une dévotion au service des malades et des mourants, ces paroles révèlent combien le comportement de certains missionnaires ont parfois jeté un discrédit sur l'Église catholique à cause de leur indifférence vis-à-vis des opérations criminelles du roi Léopold II et ses complices. Ces propos, même s'ils peuvent révolter après coup, démontrent dans quelle mesure la mission de l'Église catholique n'a pas tenu clairement définie la ligne de démarcation qui devrait exister entre les massacres perpétrés par les colons belges et l'évangélisation forcée des nègres au Congo.

Par ailleurs, le temps aidant, cette équivocité dans la mission évangélisatrice de l'Église catholique a été petit à petit levée au point de s'affirmer totalement comme une puissance indépendante, autonome et souveraine qui travaille pour le bien-être de la personne humaine. En même temps, sans être politique, celle-ci urge désormais l'État congolais à se souvenir qu'en tant qu'État, il ne devrait pas s'arroger le droit de s'absolutiser en aliénant le peuple pour lequel il est censé œuvrer. Fort malheureusement, pour des intérêts politiques mesquins en conflit avec le bien-être de la personne humaine, l'État congolais a souvent redouté les prises de position de l'Église catholique. Selon une opinion très répandue, l'Église catholique ne devrait pas s'occuper des choses temporelles car sa place serait dans la sacristie, finalement condamnée à organiser seulement sa mission spirituelle à travers le culte. Du coup, émerge un contraste et un conflit d'intérêt entre l'Église catholique et l'État au Congo. Celui-ci a souvent été visible au point d'occasionner

[63] Cf. A. HOCHSCHILD, *Gli spettri del Congo. La storia di un genocidio dimenticato*, Garzanti, Milano 2022, 185-186. C'est la traduction d'un passage rapporté par cet auteur qui a rédigé son livre en Italien.

parfois des actes de vandalismes contre l'Église de la part des partisans de certains partis politiques à la remorque de leurs leaders qui combattent l'Église catholique à cause de leurs intérêts égoïstes au détriment de tout le peuple. La démagogie politique est tellement forte qu'à un certain moment le peuple congolais confus, s'interroge pour savoir au nom de quel pouvoir l'Église s'évertuerait à lutter contre les injustices ou toute autre forme d'antivaleurs qui plongent l'homme congolais dans une misère interminable ? L'Église catholique ne devrait-elle pas laisser l'État congolais s'occuper du temporel pour rendre à César ce qui est à César et à Dieu ce qui est à Dieu ?

En effet, ce n'est pas faux que « l'Église ne peut ni ne doit prendre en main la bataille politique pour édifier une société la plus juste possible. Elle ne peut ni ne doit se mettre à la place de l'État ».[64] Ceci est une évidence que personne ne peut contester. Car, l'État est souverain, indépendant et autonome dans sa mission. Le devoir du politique est celui d'instaurer l'ordre juste de la société et de l'État. Ce dernier devrait être dirigé selon la justice pour ne pas être une grande bande de vauriens. Ce n'est donc pas l'Église catholique qui devrait s'en occuper. Cependant, l'Église « ne peut ni ne doit non plus rester à l'écart dans la lutte pour la justice. Elle doit s'insérer en elle par la voie de l'argumentation rationnelle et elle doit réveiller les forces spirituelles, sans lesquelles la justice, qui requiert aussi des renoncements, ne peut s'affirmer ni se développer ».[65] C'est vrai que l'instauration de la société juste n'est pas l'œuvre de l'Église car elle doit être réalisée par le politique. Néanmoins, on ne peut jamais perdre de vue que de par sa mission, l'Église doit

---

[64] BENOIT XVI, Lettre encycl. *Deus caritas est* (25 décembre 2005), n. 28.
[65] *Ibidem*.

s'engager pour la justice et s'intéresser à travailler à l'ouverture de l'intelligence et de la volonté aux exigences du bien. Cette doctrine laisse entendre en filigrane que dans l'optique de la raison pratique où l'État devrait agir de manière droite, il arrive parfois qu'il se glisse un aveuglement éthique qui découle de la « tentation de l'intérêt et du pouvoir qui l'éblouissent ».[66] Ce danger est tellement permanent qu'il devient difficile de l'éliminer totalement de l'agir politique. C'est ici que politique (raison) et foi se rejoignent en laissant à la foi le soin de purifier la raison pour être meilleure. Il ressort donc de cela que « la foi permet à la raison de mieux accomplir sa tâche et de mieux voir ce qui lui est propre. C'est là que se place la doctrine sociale catholique : elle ne veut pas conférer à l'Église un pouvoir sur l'État. Elle ne veut même pas imposer à ceux qui ne partagent pas sa foi des perspectives et des manières d'être qui lui appartiennent. Elle veut simplement contribuer à la purification de la raison et apporter sa contribution, pour faire en sorte que ce qui est juste puisse être ici et maintenant reconnu, et aussi mis en œuvre ».[67] À vrai dire, même si la construction d'une société juste est l'apanage de l'État, l'Église se voit obligée d'y contribuer sans aucune prétention de se substituer à l'État ou d'exercer un pouvoir sur l'État. Dans cette logique, au lieu d'en arriver à des théories du laïcisme athéiste de l'État qui s'affirmerait de façon absolue sans avoir besoin d'aide, l'Église catholique préfère promouvoir une saine coopération avec l'État en vue de la justice, finalement pour le bien de la personne humaine. C'est donc cet effort de rapprochement avec les communautés politiques qui motive souvent l'Église à

---

[66] *Ivi.*

[67] *Deus caritas est,* n. 28. Cf. B. SORGE, *Introduzione alla Dottrina sociale della Chiesa*, 312.

signer des accords, des conventions, des concordats avec celles-ci pour se mettre côte à côte en vue du bien de la personne humaine.

Ainsi, que l'État congolais soit laïc, il n'exclut donc pas la possibilité de se rapprocher et de s'allier à l'Église catholique par des accords mutuels. Même en plein régime de séparation absolue entre les deux, il y a toujours la possibilité de rechercher un terrain d'entente qui soit pour le bien de la personne humaine et de la société.

3.2. ACCORD-CADRE ENTRE LE SAINT-SIEGE ET LA R.D.CONGO SUR DES MATIERES D'INTERET COMMUN

Ici, l'effort est de commenter le présent Accord-cadre en faisant parler son texte dans son contexte, et en l'intercalant par des références à des sources diversifiées, sans oublier la Constitution de la RDC, des normes canoniques, des documents du Concile Vatican II et d'autres documents du magistère.

3.2.1. Préambule

Dès son préambule, l'Accord-cadre entre le Saint-Siège et la RDC sur des matières d'intérêt commun tire au clair les bases sur lesquelles est fondé le rapport entre l'Église catholique et l'État congolais. Pour ne pas naviguer à vue, on préfère partir de la teneur des paroles dudit préambule en les commentant toujours selon le texte et le contexte de ce présent Accord-cadre. On peut regrouper ses éléments fondamentaux au nombre de cinq :

1. *Le Saint-Siège et la République Démocratique du Congo* : Les deux sont signataires du présent Accord-cadre. Du côté de l'Église catholique, ce n'est pas la CENCO qui a la capacité juridique de représenter l'Église catholique dans ce genre d'accords, mais le Saint-Siège. Il

s'agit ici de l'Église dans son unité et sa communion.[68] Le Saint-Siège est un sujet juridique et souverain du droit international.[69] Toutefois, la CENCO a été impliquée dans la consultation et l'élaboration dudit traité. Celle-ci est reconnue en tant qu'organe dont la charge concrète est celle de garantir l'identité catholique des organismes catholiques dans les différents secteurs par lesquels l'Église opère en RDC.[70] En ce qui concerne la RDC, c'est bel et bien l'État congolais souverain et indépendant, par le truchement de son gouvernement, qui entre en collaboration avec le Saint-Siège. Les deux sujets signataires sont donc respectivement indépendants, autonomes, et souverains.

2. *Soucieux d'une collaboration harmonieuse au bénéfice de la population congolaise et désireux de fixer le cadre juridique des relations entre l'Église catholique et*

---

[68] Cf. J.J. BODO KUMA, « Relation Eglise catholique – Etat congolais : Nécessité d'un cadre juridique », in *Revue Africaine de Droit canonique* 3 (2012), 114.

[69] Cf. J.-P. SCHOUPPE, *Diritti dei rapporti tra Chiesa e comunità politica*, 261-263. Parlant du Saint-Siège comme Sujet du droit international, l'auteur explicite les éléments qui lui permettent de prendre part à cette juridiction internationale : « Alla luce di queste precisazioni, è venuto il momento di applicare alla Santa Sede i criteri stabiliti dal diritto internazionale perché possa essere ritenuta una persona giuridica. Non trattandosi di uno Stato, bensì di un ufficio personale, non sono presi in considerazione i criteri del diritto interno oppure della dichiarazione di Montevideo (tra quali gli elementi costitutivi dello Stato), ma si procede direttamente alla verifica dei criteri inerenti al diritto internazionale, vale a dire: la capacità di entrare in relazione con altri soggetti di diritto internazionale e di porre in essere atti validi (specialmente nell'esercizio dello *ius legationis* e dello *ius tractati*), l'adesione alle regole e alle consuetudini del diritto internazionale, nonché il fatto di essere oggetto di norme generali del diritto internazionale». Voir aussi: G. BARBERINI, *Le Saint-Siège. Sujet souverain de Droit International*, Cerf, Paris 2003.

[70] Cf. A. BLASI, *Concordati africani*, 86.

l'État congolais : les deux parties contractantes sont conscientes que c'est par une collaboration harmonieuse qu'elles seront à mesure d'œuvrer ensemble pour le bien de la population congolaise. Cette prise de conscience se concrétise par le présent Accord-cadre. Lorsque les deux puissances acceptent de coopérer, cela veut dire que le souci n'est plus de s'éloigner par leurs divergences mais plutôt de trouver un point commun qui les rapproche. Dans ce cas, il s'agit du bien de la personne humaine au Congo. Pour ne pas laisser ce rapprochement à la merci des intérêts mesquins ou de l'idéologie d'un parti politique, l'Église catholique et l'État congolais ont jugé bon de fixer un cadre juridique dans lequel se dérouleront leurs relations. Ce n'est donc pas un cadre largement vague qui toucherait à toutes les matières concernant les deux parties mais cette collaboration se limite à un nombre précis des préoccupations communes pour le bien de la personne humaine en RDC.

3. *En référence, pour le Saint-Siège, aux documents du Concile Œcuménique Vatican II et aux normes du droit canonique et, pour l'État congolais, aux normes constitutionnelles en vigueur* : puisqu'il s'agit des relations entre deux partenaires historiques, entendu qu'ils veulent encadrer juridiquement leur collaboration, chacun d'entre eux s'appuie sur ses propres normes et principes pour protéger son indépendance, son autonomie et sa souveraineté. Quand il est dit que l'Église catholique fait référence aux documents du Concile Œcuménique Vatican II et aux normes du droit canonique, on ne peut pas douter que tout ce qui est prescrit trouve sa source principalement dans les deux références. Autrement dit, même si l'Église peut se référer à sa Tradition et à son magistère, les sources principales sont les documents du Concile Vatican II et les normes canoniques. Ces dernières sont plus amples que le code de droit canonique. De même, l'État

congolais a pour point de référence les normes constitutionnelles en vigueur. Ainsi donc, il est indispensable de mieux connaitre ces sources principales de référence pour mieux comprendre le présent Accord-cadre qui ne devrait pas être à la remorque des opinions individuelles.

4. *Tenant compte du fait qu'une partie importante de la population congolaise appartient à l'Église catholique ainsi que de l'importance et du rôle de celle-ci dans la vie de la Nation congolaise au service du développement spirituel, moral, social, culturel et matériel du peuple congolais* : l'État congolais est motivé d'entrer en collaboration harmonieuse avec l'Église catholique pour plusieurs raisons : la partie importante de la population congolaise est catholique. En fait, selon les estimations, la RDC compte environ 49% de catholiques (selon le Vatican), 35 % de protestants ou affiliés aux Églises de réveil, 9% de musulmans, 10 % de kimbanguistes.[71] Ceci est un élément capital à prendre en considération de la part de l'État congolais vis-à-vis des catholiques. Un autre élément est l'importance et le rôle de l'Église catholique en RDC. Son impact est intégral et visible sur tous les secteurs qui touchent au bien de la personne humaine au Congo. Par exemple le service du développement spirituel, moral, social, culturel et matériel. Dans sa mission, ce qui est trop vrai, l'Église se range toujours du côté du peuple congolais dans ses joies et peines.[72] Par conséquent, l'État a intérêt à collaborer avec l'Église qui s'investit parfois

---

[71] Cf. GEOPOLITIQUE, *RDC: cinq choses à savoir sur la République démocratique du Congo, le plus grand pays catholique africain*, in https://www.geo.fr> géopolitique (Consulté le 26/09/2023).

[72] Cf. S. BRISON, *L'imagination théologico-politique de l'Église*, 178. Dans cet effort de l'Église de rechercher le bien commun, l'auteur de cet ouvrage renchérit en affirmant que le salut est d'abord communautaire, de tous les hommes faits à l'image de Dieu et réunis dans le Christ.

plus que l'État congolais pour le développement spirituel, moral, social, culturel et matériel du peuple congolais. Compter sur l'apport de l'Église en ces matières n'est pas une surprise mais une réalité inhérente à sa nature et à sa mission.

5. *Rappelant le principe internationalement reconnu de liberté religieuse et celui de la laïcité prescrit dans la Constitution congolaise* : La liberté religieuse est un principe international inaliénable. Tous les systèmes juridiques au monde sont normalement conviés à la recevoir dans leurs Constitutions ou normes qui régissent leurs États. Se définir comme un État laïc ne veut nullement signifier qu'il faut refuser aux citoyens de penser ou d'exercer librement leurs religions. Plus qu'une exigence de neutralité, la laïcité devrait garantir la liberté religieuse de tout citoyen, en refusant que la forme politique de la société congolaise soit commandée par une religion officielle de l'État. Autrement dit, loin d'imposer une religion officielle, l'État doit tolérer et respecter toutes les tendances religieuses qui existent au Congo sans discrimination. Au demeurant, les deux signataires de cet Accord-cadre s'engagent non seulement à s'inspirer chacun de son système juridique, mais aussi à laisser librecourt au droit international et à ses principes auxquels ils sont censés se référer : laïcité et liberté religieuse.

3.2.2. ***De la personnalité juridique à caractère public***

Article 1

Le Saint-Siège et la République Démocratique du Congo réaffirment que l'Église catholique et l'État sont, chacun dans son domaine, souverains, indépendants et autonomes, et déclarent s'engager, dans leurs relations, à respecter ces principes et à œuvrer ensemble pour le bien-être spirituel, moral, social, culturel et matériel de la personne humaine, ainsi qu'en faveur de la promotion du bien commun.

Les principes de souveraineté, d'indépendance et d'autonomie sont des caractéristiques fondamentales qu'il ne faut jamais négliger dans les relations concordataires entre l'Église catholique et les États. Quoi de plus normal qu'ils soient réaffirmés ici pour tirer la sonnette d'alarme que se rapprocher pour signer un accord de ce genre ne veut nullement signifier que l'un accepterait de se laisser assujettir par l'autre. Ainsi, pour éloigner le plus possible ce risque d'assujettissement, les signataires des concordats prennent soin de rappeler que ces trois principes sont des conditions *sine qua non* pour s'engager dans une telle coopération. Ce n'est donc pas pour rien que ces trois principes sont énoncés dès le premier article de cet Accord-cadre. En d'autres termes, quiconque lirait d'entrée de jeu ces dispositions comprendrait qu'il s'agit de deux signataires qui se situent au niveau paritaire sur le plan politique et contractuel durant les relations diplomatiques qui ont conduit à la signature d'un tel Accord. Blasi insiste en précisant que si ces trois principes ne sont pas reconnus dès le départ, alors les conditions juridiques et politiques ne seraient pas réunies pour faciliter les relations diplomatiques en vue de trouver des solutions concrètes pour l'État et pour les fidèles. Le même auteur poursuit en soutenant que la reconnaissance réciproque des principes d'indépendance, d'autonomie et de souveraineté réalise et garantit le principe de réciprocité.[73]

Par conséquent, chaque partie contractante de cet Accord-cadre ne peut pas perdre son identité à cause de ce rapprochement diplomatique. Au contraire, cette saine coopération se déploie dans le respect de l'indépendance, de l'autonomie et de la souveraineté de chaque

[73] Cf. A. BLASI, *Concordati africani*, 77-78.

contractant, chacun selon ses compétences exclusives. C'est pourquoi dans les dispositions contenues dans cet Accord-cadre, par exemple, le Saint-Siège renvoie aux principes de base énoncés dans les documents du Concile Vatican II ou dans les normes du Droit canonique ; tandis que l'État congolais prend pour référence sa propre Constitution. Chaque contractant se fonde sur son ADN juridique et signe par ce fait les limites d'action de chacun. Le respect du domaine où s'exerce la compétence exclusive de l'autre est de rigueur.[74] Tandis que le principe d'autonomie renvoie, à coup sûr, à la liberté dans l'organisation territoriale et normative, étant la protection administrative de l'autorité préconçue au niveau du respect des autorités respectives, celui de l'indépendance entend un rapport bilatéral dans l'indépendance réciproque, sans soumettre ou se soumettre à l'autre. Dans la même optique, le principe de souveraineté est reconnu en tant que système juridique de l'État au-delà duquel il n'y a plus d'autre système juridique supérieur. Même le Saint-Siège tient à ce que la souveraineté de l'Église soit respectée dans la mesure où celle-ci est régie par son propre système juridique, son propre pouvoir qui n'a que Dieu comme pouvoir suprême, absolu et sans limite.[75] A tout bien considérer, mettre côte à côte ces principes renvoie à un type de rapport trilatéral selon lequel l'Église et l'État reconnaissent qu'au-delà d'eux, il existe des droits fondamentaux vers lesquels ils doivent orienter leurs règles internes et celles de l'interaction entre les deux : le bien-être spirituel, moral, social, culturel et

[74] *Ibidem*, 78.

[75] Cf. H. KELSEN, *General Theory of Law and State*, Transaction Publishers, New Brunswick and London 2006, 255.

matériel de la personne humaine, ainsi qu'en faveur de la promotion du bien commun.[76]

Par ailleurs, les deux contractants sont d'une part, le Saint-Siège[77] pour l'Église catholique qui a la qualité de personne morale par l'ordre divin lui-même (cf. can. 113,

---

[76] Cf. A. BLASI, *Concordati africani*, 79. Voir aussi: J.-P. SCHOUPPE, *Diritto dei rapporti tra Chiesa e comunità politica*, 178-179. Ici, l'auteur précise que la souveraineté est à la base des États et du droit international public. Cela vaut aussi pour l'Église parce que le Souverain pontife jouit du pouvoir de juridiction suprême et l'Église est pourvue d'un système juridique primaire et ordinaire. La notion d'autonomie (*auto-nomos*) se prête à plusieurs acceptions. Celle-ci ne désigne pas une autonomie absolue de la raison humaine en rapport avec Dieu (Kant), mais une autonomie relative. C'est celle de la réalité terrestre, de diverses sciences humaines auxquelles fait référence *Gaudium et spes* n. 36. Dans le domaine politico-juridique, cette autonomie correspond au pouvoir suprême de gouvernement avec ses trois pouvoirs ou fonctions législative, exécutive et judiciaire ou la pleine capacité de s'auto-organiser. Et le droit international reconnait cette même capacité aux groupes religieux.

[77] Il ne faut pas confondre la subjectivité du Saint-Siège à celle de l'État de la Cité du Vatican. En droit canonique, le Saint-Siège ou le Siège Apostolique est l'expression qui indique de toute évidence l'organe suprême du gouvernement de l'Église catholique (cf. can. 361). Par ailleurs, il faut noter que la signification de ladite expression est à la fois stricte et large. Au sens strict, cette expression indique l'office propre du Pontife Romain en vertu duquel celui-ci détient le pouvoir suprême, plénier, immédiat et universel dans l'Église (can. 331). Au sens large, par contre, la même expression insinue le Pontife Romain et tous les organes à travers lesquels celui-ci pourvoit au gouvernement de toute l'Église, c'est-à-dire la Secrétairerie d'État, dans toutes ses trois sections, et autres organismes de la Curie romaine, comme les Dicastères, les Tribunaux et autres Instituts (Cf. can. 360). Ainsi, dans les rapports entre l'Église et l'État, ce n'est pas une Conférence épiscopale nationale qui signe un accord avec l'État. C'est plutôt le Saint-Siège représenté sur terrain par le Légat pontifical. Ce dernier consulte la Conférence épiscopale nationale dans les négociations bilatérales avec l'État. Cf. Cf. G. DALLA TORRE, *Lezioni di diritto vaticano*, seconda edizione, G. GIAPPICHELLI EDITORE, Torino 2020, 29-31.

§1) ; et d'autre part, l'État congolais pour la République Démocratique du Congo. Étant un sujet de droit international, le Saint-Siège a la capacité juridique d'exercer tous ses droits typiques entre autres en stipulant des conventions internationales, concordats et accords-cadres avec des États selon les normes du droit international. Si du point de vue canonique le Saint-Siège, en tant que personne morale distincte de celle de l'Église et d'autres personnes juridiques canoniques (can. 113, §1), peut réaliser théologiquement parlant sa mission religieuse sur la terre, il est capable d'entreprendre des rapports avec des communautés politiques du point de vue du droit international.[78] Ainsi, alors que le représentant pontifical cultive les rapports entre l'Église et l'État, la Conférence épiscopale est consultée et informée sur l'évolution des négociations et de la promotion des matières d'intérêt commun. Du côté de la RDC, l'État est représenté par la personne du Ministre des affaires étrangères et de la Coopération Internationale. Lorsque ce présent Accord-cadre avait été signé, c'est S. Exc. Monsieur Raymond Tshibanda N'Tungamulongo qui a représenté la RDC. C'était en la date du 20 mai 2016, à la Cité du Vatican.

Ces deux contractants s'engagent pour un but précis qui constitue le *leitmotiv* de cet Accord-cadre. Ils mettent au centre de leur engagement le bien-être intégral de la personne humaine, c'est-à-dire spirituel, moral, social, culturel et matériel, et la promotion du bien commun. Si l'État le fait sur le plan civil et politique, l'Église va plus loin parce qu'elle est le signe et la sauvegarde du caractère transcendant de la personne humaine. GS, n. 76, 3 l'exprime bien en soulignant :

> Sur le terrain qui leur est propre, la communauté politique et l'Église sont indépendantes l'une de l'autre et autonomes. Mais toutes deux, quoique à des titres divers, sont au service de la

---

[78] *Ibidem*, 29-31.

vocation personnelle et sociale des mêmes hommes. Elles exerceront d'autant plus efficacement ce service pour le bien de tous qu'elles rechercheront davantage entre elles une saine coopération, en tenant également compte des circonstances de temps et de lieu.

Au reste, il faut avouer qu'en s'engageant à collaborer, l'Église et l'État doivent accepter de se laisser encadrer non pas par des sentiments, des intérêts égoïstes ou des idéologies politiques mais par des dispositions normatives qui régissent ces relations bilatérales. Autant il serait absurde que l'Église substitue l'État dans sa juridiction de compétence exclusive, autant l'Église ne tolérerait pas que l'État l'enferme dans la sacristie alors que sa mission est aussi d'étendre le règne de la justice et de la charité à l'intérieur de chaque nation et entre les nations (GS, n.76, 3).

Article 2

La République Démocratique du Congo reconnait la personnalité juridique à caractère public de l'Église catholique. Elle lui assure, dans le respect de sa dignité et de sa liberté religieuse, le libre exercice de sa mission apostolique, en particulier pour ce qui concerne le culte, le gouvernement de ses fidèles, l'enseignement sous toutes ses formes, les œuvres de bienfaisance et les activités des associations et des institutions dont il est question aux Articles 3 et 4 du présent Accord-cadre.

Il peut paraitre paradoxal que la RDC « reconnaisse » la personnalité juridique à caractère public de l'Église catholique alors que celle-ci la possède *par nature*. Ainsi, il faut très bien scruter la valeur juridique de ce verbe qui introduit dans tout le texte de cet Accord-cadre une subtilité lexicologique qu'il ne faut jamais prendre pour acquis. Que signifie exactement reconnaitre ici ? Peut-on soutenir qu'il veut dire « admettre », « constater »,

« autoriser » ou « établir » ?[79] Sans entrer dans ce vaste débat des juristes, on estime qu'il faut partir d'un bon pas pour expliquer le verbe en question. En effet, la personnalité juridique publique de l'Église catholique n'est pas une concession de l'État. Elle l'est par nature, de par l'ordre divin lui-même, conformément à la norme du can. 113, §1 du CIC/1983. Pour mettre en évidence le fait que l'Église catholique soit d'institution divine, le Code de droit canonique préfère ne pas parler de la personnalité juridique pour ce qui concerne l'Église catholique mais de la *personnalité morale*. Celle-ci n'existe pas par la force d'un système juridique humain mais en vertu de l'ordre divin qui dépasse l'ordre juridique positif. On comprend mieux la mesure de la nature spéciale de l'Église en tant que personne morale d'ordre divin lorsque cette réalité est spécifique au système du droit canonique. Ainsi donc, si l'Église catholique est déjà constituée par l'ordre divin en personnalité morale ayant une nature propre, alors l'État congolais ne fait qu'admettre qu'elle soit ainsi et ait sa nature juridique reconnue même du côté civil. En d'autres termes, l'État congolais ne change en rien la nature divine de l'Église catholique mais admet qu'elle s'affirme librement selon sa nature et sa compétence sur toute l'étendue nationale. De la sorte, on estime qu'il aurait mieux fallu respecter la nuance lexicale du can. 113, §1 qui rend mieux l'esprit du législateur universel de l'Église. A cet effet, on aurait formulé cette disposition de cette façon : « La République Démocratique du Congo reconnait la personnalité morale que l'Église catholique et le Saint-Siège possèdent par nature ».[80] C'est de cette

---

[79] Cf. J. LALOUETTE, *La séparation des Églises et de l'État* (Ebook).

[80] A. BLASI, *Concordati africani*, 183. Cette remarque avait déjà été relevée par : J.J. DOBO KUMA, « Relation Église catholique-État congolais : nécessité d'un cadre juridique », 115. De même, l'Accord entre le Saint-Siège et la République du Tchad sur le Statut Juridique

manière que l'Accord-cadre entre le Saint Siège et la République du Cameroun le formule : « La République du Cameroun reconnait la personnalité morale que l'Église catholique et le Saint Siège possèdent par nature ».[81] Celui qui lirait cette formulation comprendrait, de toute évidence, que la personnalité morale de l'Église catholique ne découle pas du système juridique positif. Ensuite, il serait clair que la personnalité morale ne se confond pas avec une personnalité juridique ou physique à cause de son origine divine qui lui octroie un caractère spécial.[82] Cette nuance clarifierait la classification selon laquelle dans l'Église, on distingue les personnes morale, juridique et physique.[83] De toute évidence, on perçoit que si par nature l'Église catholique est une personne morale de par son institution, laquelle personnalité est attestée par le droit canonique, sa personnalité juridique reconnue par l'État congolais voudrait carrément signifier qu'elle

de l'Eglise Catholique du Tchad formule autrement la nature juridique de l'Eglise en son article 1, § 1 : «La République du Tchad reconnait la personnalité juridique à caractère public que l'Église catholique possède par nature ». Du moins, il ajoute « par nature » vers la fin de l'article.

[81] Cf. A. BLASI, *Concordati africani*, 183.

[82] Cf. S. BUENO SALINAS, «Persona jurídica», in J. OTADUY – A. VIANA – J. SEDANO (coord..), *Diccionario general de derecho canónico*, Universidad de Navarra, Thomson Reuters Aranzadi, Navarra 2012, (179-188), 181: «De acuerdo con la tradición canónica, las personas jurídicas deben su existencia a la concesión de otras personas jurídicas superiores, aplicando el principio de jerarquía; en la cima de esta jerarquización, y englobándola, se encuentra la Iglesia católica universal, entidad de derecho divino, primaria, y origen de las inferiores, pues éstas (como las Iglesias locales) no pueden existir independientemente. Para distinguirlas, el CIC de 1983 Ilama personas morales a tales personas jurídicas originarias y superiores».

[83] Cf. G. LO CASTRO, «Commentary on Juridic Persons», in A. MARZOA – J. MIRAS – R. RODRÍGUEZ OCAÑA (eds.), *Exegetical commentary on the Code of Canon Law*, Vol. 1, Wilson & Lafleur, Montreal 2004, 747-752.

produit des effets qui sont bel et bien reconnus civilement par le droit congolais.[84]

Il ressort donc que ce caractère spécial de l'Église lui octroie d'opérer en toute liberté pour veiller au salut des hommes. Cette liberté est propre et sacrée car, elle lui a été dotée par le Fils unique de Dieu. Étant un principe fondamental dans les relations de l'Église avec les pouvoirs publics et tout l'ordre civil, l'État congolais ne peut pas restreindre sa mission à la dimension temporelle ou terrestre. En conséquence, l'État congolais lui assure ou lui « garantit », dans le respect de cette dignité de nature divine, et de la liberté religieuse de droit international, le libre exercice de tout ce qui entre dans sa mission qui est en réalité l'accomplissement de la volonté de Dieu. Parmi les tâches qui entrent dans cette mission divine, l'Accord-cadre cite en particulier : ce qui concerne le culte, le gouvernement de ses fidèles, l'enseignement sous toutes ses formes, les œuvres de bienfaisance et les activités des associations et des instituts dont il est question aux Articles 3 et 4 du présent Accord-cadre.

Article 3

§1. La République Démocratique du Congo reconnait aussi la personnalité juridique de toutes les institutions de l'Église catholique qui sont reconnues comme telles par le droit canonique et qui restent régies par leurs règles propres.

§2. La République Démocratique du Congo reconnait en particulier la personnalité juridique de la Conférence Episcopale Nationale du Congo et de toutes les

[84] Cf. J.J. DOBO KUMA, « Relation Église catholique-État congolais : nécessité d'un cadre juridique », 115. Cet auteur avait déjà envisagé en son temps, bien avant cet Accord-cadre, la nécessité que l'Église soit considérée civilement et officiellement comme une institution unique et que l'accord avec l'État devrait le dire expressément.

circonscriptions ecclésiastiques existantes, dont il est fait mention à l'Article 4, §1 ci-dessous, ainsi que de celles qui seront érigées dans l'avenir.

§1. Un autre aspect lexical émerge ici dans la mesure où le verbe « reconnaitre » se trouve employé. Cette fois-ci il revient non pas en ce qui concerne la personnalité juridique de l'Église catholique tout entière, qui est en réalité personnalité morale dans le système juridique canonique, mais plutôt sur la personnalité juridique de toutes les institutions de l'Église catholique reconnues comme telles par le droit canonique et qui restent régies par leurs règles propres.[85] Pour ne pas compliquer la saisie de la portée sémantique du verbe « reconnaitre » ici, il faut avouer que l'État congolais admet la notion de personnalité juridique telle qu'elle fonctionne dans l'ordonnancement canonique. En plus, celui-ci admet que toutes ces institutions ayant la personnalité juridique à caractère canonique fonctionnent selon leurs règles propres. Il faut approfondir la question en interprétant le Décret n° 22/26 du 17 juin 2022 portant modalités et mesures d'application de l'Accord-cadre entre le Saint-Siège et la RDC sur des matières d'intérêt commun.

Compris dans son contexte, « reconnaitre » s'explique par l'*iter* mis en place par l'État congolais pour admettre le fonctionnement de toutes ces institutions canoniques ayant la personnalité juridique à caractère public au Congo. En amont, on doit déjà se mettre d'accord sur le fait que la création, la modification et la suppression de toutes ces institutions canoniques reviennent à l'autorité

---

[85] Le can. 113, §2 du CIC/1983 l'établit clairement en ces termes : « Dans l'Église, outre les personnes physiques, il y a aussi des personnes juridiques, c'est-à-dire en droit canonique des sujets d'obligations et de droits en conformité avec leur nature ». Cette disposition fait suite à celle du can. 113, §1 qui a reconnu que l'Église catholique et le Siège Apostolique ont qualité de personne morale de par l'ordre divin lui-même.

compétente ecclésiastique et non civile. Une fois que ces institutions sont créées par les autorités ecclésiastiques, la Nonciature et la CENCO les notifient aux autorités civiles. Plus concrètement, la Nonciature Apostolique fait la notification visée par voie diplomatique au Ministère ayant les Affaires Étrangères dans ses attributions, pour les institutions canoniques relevant de sa compétence. Cette notification est transmise, sans délai, au Ministère ayant l'Intérieur dans ses attributions, qui en prend acte et procède au conséquent enregistrement. De son côté, la CENCO fait la notification visée à l'article 2 du présent Décret au Ministère ayant l'Intérieur dans ses attributions, pour les institutions canoniques relevant de sa compétence. Une fois enregistrées, le service compétent du Ministère ayant l'Intérieur dans ses attributions dresse la liste des institutions canoniques dont la personnalité juridique à caractère public est reconnue et la fait publier au Journal Officiel de la République Démocratique du Congo, accompagnée, pour chacune des institutions canoniques, de l'acte canonique de l'autorité ecclésiastique compétente. A partir de cet enregistrement, toutes ces institutions canoniques ayant la personnalité juridique à caractère public ne sont plus comptées comme des Associations sans but lucratif mais plutôt en tant que personnes juridiques à caractère public du point de vue civil.[86] Peut-être faudrait-il recourir à quelques notions historiques pour mieux percevoir la portée juridique de cette double nature juridique d'institutions ecclésiastiques.

Le concept moderne de personne juridique est fruit d'une longue élaboration dans l'histoire durant laquelle le système juridique ecclésiastique et la science canonique ont joué un rôle décisif. Le droit romain classique a connu

---

[86] Cf. PRIMATURE, *Décret N°22/26 du 17 juin 2022 portant modalités et mesure d'application de l'Accord-cadre entre le Saint Siège et la RDC sur des matières d'intérêt commun du 20 mai 2016.*

des associations des personnes dénommées diversement comme : *societas*, *ordo*, *sodalitas* ou *sodalicium*, *collegium*, *corpus*. Seulement, toutes ces associations n'étaient pas encore conçues en tant que sujets à part entière, indépendants des membres qui les composaient. En plus, elles n'avaient pas encore la capacité juridique. Du coup, elles ne pouvaient ni acquérir, ni hériter, ni posséder des biens. Avec le recul du temps, cette capacité leur sera reconnue en droit justinien qui ignorera, cependant, les fondations. Ces nouveaux sujets du droit étaient une ingéniosité du christianisme pour concrétiser la charité. C'était une nouvelle idée, celle de reconnaitre ces sujets de droit pour n'avoir comme fins que la charité et la piété. En ce temps-là, il s'agissait des hôpitaux, des orphelinats, et d'autres centres de charité. C'est au XIIIème siècle, grâce à Sinibaldo Fieschi, devenu après Pape Innocent IV (1243), que la science canonique s'est détachée des notions de droit romain pour reconnaitre au sein de l'Église une personnalité juridique propre, indépendante des membres. Cette démarcation de l'Église du droit romain sera à la base de l'élaboration moderne sur les personnes juridiques.[87] L'Église a voulu recourir à toutes ces notions afin de résoudre tous les problèmes très pratiques qui limitaient sa liberté et son autonomie d'action. On peut alors dire que la notion de personnalité juridique au sein de l'Église garantit déjà la défense de l'autonomie et de la liberté de l'Église en rapport avec la juridiction civile.

Que l'État congolais reconnaisse la personnalité juridique publique de toutes les institutions de l'Église catholique, cela veut dire qu'il affirme qu'en plus du droit canonique qui les a constituées et duquel elles tirent leur réglementation, elles sont désormais reconnues et

---

[87] Cf. L. CHIAPPETTA (a cura di), *Il Codice di diritto canonico. Commento giuridico-pastorale*, 137-138.

enregistrées parmi les personnes juridiques publiques admises par l'État pour qu'elles opèrent selon leurs règles propres. Pour mieux le comprendre, ces personnes juridiques à caractère public doivent se conformer au droit canonique qui les a constituées et qui les régie, ensuite sont tenues de suivre l'*Iter* de reconnaissance ou mieux d'enregistrement prévu par le service approprié de l'administration publique du Ministère ayant l'Intérieur dans ses attributions. Fort de cette élucidation, il serait faux qu'une personne juridique publique érigée par l'autorité ecclésiastique compétente ignore la législation canonique en ne prétendant obéir qu'à la loi civile puisque reconnue parmi les personnes juridiques à caractère public en RDC. Le présent article concède à l'Église de prendre soin de ses institutions qui restent régies par ses règles propres, ayant des effets civils dans le contexte de la législation congolaise. Il s'agit là d'une démonstration du principe du dualisme selon lequel l'État congolais respecte la compétence exclusive de l'Église catholique.[88]

§ 2. Le deuxième paragraphe du même article tire au clair les dispositions susmentionnées en citant un exemple concret où la RDC reconnait la personnalité juridique à caractère public des institutions catholiques. Il s'agit de la Conférence Episcopale Nationale du Congo et de toutes les circonscriptions ecclésiastiques existantes et celles qui seront érigées dans l'avenir. Si hier, seul le Comité Permanent de la CENCO avait l'identité juridique d'une A.S.B.L, association sans but lucratif, la CENCO bien

---

[88] Cf. J.A.RENKEN, *Church property. A Commentary on Canon Law Governing Temporal Goods in the United States and Canada*, St Pauls, Ottawa 2009, 41-42. Voir aussi: ID., «The Collaboration of Canon Law and Civil Law in Church Property Issues», in *Studies in Church Law* 4 (2008), 43-80; J.A. DOYLE, *Civil Incorporation of Ecclesiastical Institutions: A Canonical Perspective*, Saint Paul University, Ottawa 1989.

qu'elle reste régie par les règles canoniques, revêtira aussi la personnalité juridique à caractère public au Congo.[89]

Article 4

§1. Il appartient exclusivement à l'Autorité ecclésiastique de fixer librement les normes canoniques dans le domaine de sa compétence, ainsi que d'ériger, modifier ou supprimer les institutions ecclésiastiques, en général, comme les circonscriptions ecclésiastiques et toutes les personnes juridiques ecclésiastiques, notamment, les archidiocèses, les diocèses, les administrations apostoliques, les prélatures personnelles et territoriales, les abbayes, les paroisses, les instituts de vie consacrée et société de vie apostolique. Lors de la création de ces institutions, excepté les circonscriptions ecclésiastiques, l'Évêque diocésain ou la personne à lui canoniquement assimilée informera par écrit les Autorités congolaises pour procéder à leur enregistrement au fort civil.

§ 2. Lorsqu'une circonscription ecclésiastique est supprimée, il revient au Saint-Siège de décider de l'affectation du patrimoine de la personne juridique concernée.

§ 3. Lorsque le Saint-Siège érige, modifie ou supprime une circonscription ecclésiastique, il en informe aussitôt les Autorités congolaises.

§§1, 2 et 3. La laïcité d'un État n'insinue pas le refus du libre exercice de la religion ou la non-reconnaissance

---

[89] Cette reconnaissance civile de la personnalité juridique à caractère public des institutions de l'Église par l'État congolais rejoint le souhait du professeur Jules José depuis plusieurs années. A ce propos, lire : J.J. DOBO KUMA, « Relation Église catholique-État congolais : nécessité d'un cadre juridique », 114.

de celle-ci. Au contraire, une laïcité *ouverte* « défend un modèle axé sur la protection de la liberté de conscience et de religion, ainsi qu'une conception plus souple de la séparation et de la neutralité ».[90] Cette séparation entre l'Église et l'État, doublée de la neutralité, admet que les relations entre les deux se déroulent dans le respect des compétences, les deux entités étant indépendantes, autonomes et souveraines. En théorie, tout ceci se vérifie dans le respect de l'exclusivité des compétences, chacune dans sa juridiction. À travers le présent article, l'État congolais admet que l'Église catholique légifère dans les domaines de sa compétence exclusive. Le domaine de compétence de l'Église devrait donc être régi non pas par les normes civiles mais par les normes canoniques. Pour saisir la pertinence de cette exclusivité, il est indispensable de savoir comment se répartit le pouvoir de gouvernement et la production des normes canoniques au sein de l'Église catholique.

En effet, on distingue dans le gouvernement de l'Église trois pouvoirs : législatif, exécutif et judiciaire. Le pouvoir législatif pourvoit à l'émanation des lois. Le pouvoir exécutif sert pour l'application des lois. Le pouvoir judiciaire juge sur la conformité ou difformité sur les actes des personnes avec les dispositions de la loi, déclarant des éventuelles conséquences. On peut dire que le pouvoir judiciaire est aussi exécutif mais détient une dénomination et un fonctionnement qui lui sont propres.[91] En ce qui concerne le pouvoir législatif, il y a lieu d'affirmer qu'il existe une pluralité des législateurs dans l'Église. Au niveau de l'Église universelle, le pouvoir législatif revient au Souverain pontife « en tant que Pasteur de l'Église

[90] Cf. J. MACLURE – C. TAYLOR, *Laïcité et liberté de conscience*, 39.
[91] Cf. L. CHIAPPETTA (a cura di), *Il Codice di diritto canonico*, 185.

universelle et suprême Législateur ».[92] Le Collège des évêques, en union avec son chef et jamais sans lui, est sujet du pouvoir suprême et plénier sur l'Église tout entière (cf. can. 336). Les conciles particuliers peuvent aussi exercer le pouvoir législatif à l'intérieur de leur domaine de compétence. Même s'il est très limité, les conférences des évêques exercent le pouvoir législatif pour les Églises locales de leur ressort. Cela vaut aussi pour les Chapitres des instituts de vie consacrée. De leur côté, les évêques diocésains détiennent le pouvoir législatif dans leurs diocèses. En ce qui concerne la production des normes dans l'Église catholique, les lois universelles sont produites par le législateur suprême qui est le Souverain pontife et le collège des évêques. Celles-ci sont promulguées dans *l'Actorum Apostolicae Sedis commentarium officiale*, à moins que dans des cas particuliers un autre mode de promulgation n'ait été prescrit. Les lois particulières sont produites par des législateurs inférieurs tels que les évêques diocésains, les conférences des évêques, les conciles particuliers et les Chapitres des instituts de vie consacrée (cf. cann. 135 ; 8).

Dans les États modernes, précisément selon la théorie de Montesquieu dans *De l'esprit des lois* (1748), se trouve le principe de la division des pouvoirs à la base des systèmes politiques. Ces pouvoirs sont confiés à des organes distincts et indépendants. Ils ont pour but de protéger plus efficacement la liberté et des droits des citoyens et empêcher des actes arbitraires de la part de l'autorité. Ceci permet aussi d'assurer l'unité organique de

---

[92] F. COCCOPALMERIO, « L'élaboration du droit particulier pour les Églises particulières dans le contexte de la loi universelle de l'Église », in M. AOUN – J.-M. TUFFERY-ANDRIEU (sous la dir. de), *Le ius particulare dans le droit canonique actuel*, Editions Artège, Paris 2013, 15-27.

l'État.[93] Par ailleurs, dans l'Église qui a ses finalités et ses exigences propres, différentes de celles de l'État, pour la réalisation de sa mission, il est nécessaire qu'il y ait une meilleure organicité du pouvoir. Celui-ci permet aux Pasteurs sacrés de réglementer non seulement le pouvoir de l'ordre, de magistère et de gouvernement, mais aussi les trois autres pouvoirs législatif, exécutif et judiciaire. Une telle structure homogène fait partie essentielle du système constitutionnel instauré par Jésus, lequel il a transmis à ses Apôtres et à leurs successeurs. C'est un pouvoir indivisible (Mt. 18, 18 ; 28, 18 ; Jn 21, 15-17). On ne perdra pas de vue que même si l'Église jouit du droit de fixer des normes dans le domaine de sa compétence, elle laisse ouverte la possibilité de canoniser les normes civiles. Cela est possible dans les cas où le législateur ecclésiastique s'abstient de donner des normes dans une matière précise de sa compétence et s'en remet aux lois de l'État. Ces dernières, par la canonisation, sont observées avec les mêmes effets dans la mesure où elles ne sont pas contraires au droit divin et sauf autre disposition du droit canonique (cf. can. 22).[94]

Lorsqu'on a très bien saisi la relevance des normes canoniques dans le domaine de la compétence de l'autorité ecclésiastique, on ne va plus par quatre chemins pour relever que tout ce qui concerne l'érection, la modification, la suppression des institutions ecclésiastiques, les circonscriptions ecclésiastiques et toutes les personnes juridiques ecclésiastiques sont exclusivement de la compétence de l'autorité ecclésiastique. A ce propos, les illustrations sont multiples

---

[93] Cf. MONTESQUIEU, *De l'esprit des lois*, vol. I, GF Flammarion, Paris 1979, 143-144.

[94] Cf. E. CAPARROS – T. SOL (sous la direction de), *Code de droit canonique bilingue et annoté*, 4ème éd., Wilson & Lafleur, 2018, 52-53.

dans les normes de droit canonique. Le can. 373 prescrit qu'il « appartient à la seule autorité suprême d'ériger des Églises particulières ; celles-ci, une fois légitimement érigées, jouissent de plein droit de la personnalité juridique ». Le can.431, §3 stipule qu'«il revient à la seule Autorité Suprême de l'Église, après avoir entendu les Évêques concernés, de constituer, supprimer ou modifier les provinces ecclésiastiques ». Le can. 449, §1 récite qu'«il revient à la seule Autorité Suprême de l'Église, après qu'elle a entendu les Évêques concernés, d'ériger, de supprimer ou de modifier les conférences des Évêques ». Le Can. 515, § 2 récite ceci : « Il revient au seul Évêque diocésain d'ériger, de supprimer ou de modifier les paroisses ; il ne les érigera, ne les supprimera ni ne les modifiera pas de façon notable sans avoir entendu le conseil presbytéral ». Le Can. 579 prescrit ce qui suit : « Les Évêques diocésains, chacun sur son territoire, peuvent ériger des instituts de vie consacrée par décret formel, pourvu que le Siège Apostolique ait été consulté ». Le Can. 589 précise : « Un institut de vie consacrée est dit de droit pontifical, s'il a été érigé par le Siège Apostolique ou approuvé par décret formel de celui-ci ; il est dit de droit diocésain si, érigé par l'Évêque diocésain, il n'a pas reçu le décret d'approbation du Siège Apostolique ». Le Can. 584 reste dans la même logique en stipulant : « Il appartient au seul Siège Apostolique de supprimer un institut, il lui est aussi réservé de statuer sur ses biens temporels ».

En tout ceci, ce qui est demandé à l'Évêque diocésain ou à la personne à lui canoniquement assimilée est d'informer par écrit les Autorités civiles congolaises, excepté les circonscriptions ecclésiastiques, pour procéder à l'enregistrement au for civil chaque fois que ces institutions ecclésiastiques sont créées. Quand on parle des institutions ecclésiastiques, on note les archidiocèses, les diocèses, les administrations apostoliques, les prélatures personnelles et territoriales, les abbayes, les paroisses, les instituts de vie consacrée et sociétés de vie apostolique. Restant dans la même logique, lorsque le Saint-Siège érige, modifie ou supprime une circonscription ecclésiastique, il est tenu d'en informer aussitôt les autorités congolaises. Il s'agit là d'une information pour consolider la saine coopération entre l'Église et l'État en RDC. C'est aussi pour faciliter la tâche à l'autorité civile lorsqu'il faut compter des entités qui œuvrent sur le territoire national. Quant au patrimoine d'une circonscription ecclésiastique supprimée, étant une personne juridique publique ecclésiastique, c'est encore le Saint-Siège qui décide de son affectation. Cette référence au Saint-Siège en ce qui concerne le patrimoine d'une circonscription ecclésiastique supprimée est une démonstration du principe de « concentricité » des biens ecclésiastiques dans l'Église.[95]

[95] Cf. A. PERLASCA, « Contributi del card. Velasio De Paolis alla comprensione del diritto», in L. SABBARESE (a cura di), *Opus humilitatis iustitia. Studi in memoria del Cardinale Velasio De Paolis*, Urbaniana University Press, Città del Vaticano 2022, 319. En allant puiser dans les réflexions de Vincenzo del Giudice, De Paolis retrace le principe de la concentricité des biens ecclésiastiques. Ce principe veut simplement dire que dans l'ordre hiérarchique des personnes morales ou juridiques, chacune est sous la vigilance du grade supérieur. Autrement dit, même si ces personnes morales-juridiques exercent le droit de propriété sur leurs biens, elles sont toutes sous la vigilance de l'autorité suprême de l'Église.

3.2.3. ***Liberté de communiquer et facilités de délivrance de visas et de permis de séjour en RDC***

Article 5

§1. La République Démocratique du Congo garantit à l'Église catholique ainsi qu'à ses membres, soit à titre personnel, soit en tant que responsables ou membres de ses organisations, la liberté de communiquer et de se maintenir en relation avec le Saint-Siège, avec les Conférences d'autres pays, tout comme avec les Églises particulières, personnes et organismes présents à l'intérieur ou à l'extérieur du pays.

§ 2. Pour rendre effective et faciliter cette liberté, la République Démocratique du Congo examinera avec bienveillance les demandes de visas et de permis de séjour présentées par des ecclésiastiques ou des religieux envoyés en mission en République Démocratique du Congo par l'Autorité compétente de l'Église catholique et, en cas de concession, les délivrera gratuitement.

§1. Le verbe « garantir » retient notre attention ici. Si l'Église catholique ainsi que ses membres ont le droit de communiquer[96] et de se maintenir en relation avec le Saint-Siège et autres, l'État congolais se donne l'obligation de leur assurer la jouissance de cette liberté. En d'autres termes, la liberté de l'Église de communiquer et de se maintenir en relation avec le Saint-Siège et d'autres n'est pas une concession des Autorités publiques en RDC. Au contraire, celles-ci sont seulement obligées, du moins selon cet Accord-cadre, d'assumer leur

---

[96] Cf. JEAN PAUL II, *Message du Saint Père pour la 37ème journée mondiale des communications sociales*, 1 juin 2003. Dans sa liberté de communiquer, l'Église catholique a toujours rappelé à ses fidèles et toutes les âmes de bonne volonté que l'exigence morale fondamentale de toute communication est le respect envers la vérité et le service à cette même vérité.

responsabilité en protégeant cette liberté fondamentale de l'Église catholique et de ses membres de communiquer et de se maintenir en relation avec le Saint-Siège, avec les Conférences Épiscopales d'autres pays, tout comme avec les Églises particulières, personnes et organismes présents à l'intérieur ou à l'extérieur du pays. Ainsi donc, communiquer et se maintenir en relation font partie de la nature même de l'Église qu'est *sacrement de la communion.*[97] Celle-ci se vérifie par l'union intime avec Dieu et de l'unité de tout le genre humain (LG, n. 1). De ce présupposé, on comprend que l'Église catholique prenne toujours conscience d'être la communion d'Églises dans laquelle l'Église universelle et les Églises particulières se compénètrent pour réaliser ainsi l'unique Église du Christ. Celle-ci est une, sainte, catholique et apostolique. Voilà pourquoi l'Église catholique s'organise de telle sorte qu'il y ait partout des Légats pontificaux qui rendent toujours plus solides et efficaces les liens d'unité qui existent entre le Siège Apostolique et les Églises particulières. Ainsi, il appartient à ces Légats pontificaux d'informer le Siège Apostolique de la situation des Églises particulières et de tout ce qui touche à la vie même de l'Église et le bien des âmes, d'aider les Évêques par leurs actions et leurs conseils, d'entretenir des relations fréquentes avec les Conférences des Évêques en leur apportant toute aide possible (cf. can. 364).[98] Parlant des

---

[97] A. DIRIART, *Ses frontières sont la charité. L'Église Corps du Christ et Lumen Gentium*, 106.

[98] Cf. PAOLO VI, Motu proprio *Sollicitudo omnium Ecclesiarum*, 24 juin 1969. Dans ce document, il est clairement indiqué que la mission d'un légat pontifical est principalement de rendre plus proches et opératifs les liens entre le Siège apostolique et les Églises locales. En plus, sa présence manifeste la sollicitude du Souverain Pontife pour le bien du pays où il exerce sa mission. Il doit s'intéresser avec zèle en particulier aux problèmes de la paix, du progrès et de la collaboration

Conférences des Évêques, elles ont la possibilité d'entretenir des relations avec des Conférences voisines dans le but de promouvoir et d'assurer un plus grand bien (cf. can. 459). Tous ces moyens sont mis à profit pour favoriser la liberté de communiquer et de se maintenir en relation avec le Saint-Siège, avec les Conférences Épiscopales d'autres pays, tout comme avec les Églises particulières. Quant à ce qui concerne la communication avec des personnes et organismes présents à l'intérieur ou à l'extérieur du pays, au nom de l'unité du genre humain, l'Église ne se lasse jamais de le promouvoir sous la protection de l'État congolais.

§2. Dans cet élan communicationnel et relationnel, la RDC concrétise cette liberté en promettant de faciliter la tâche à tout ecclésiastique ou religieux qui demanderait le visa et le permis de séjour pour la mission dans son territoire national, avec la possibilité de l'obtenir gratuitement. Cette demande devrait être faite par l'autorité ecclésiastique compétente au service indiqué. Il est question des missions diplomatiques ou consulaires de la RDC accrédités dans les pays où ces demandes sont introduites. Il a été précisé, par un décret du premier ministre en son art. 7[99], ce qu'ils entendent par autorité ecclésiastique compétente en cette matière : les évêques diocésains et ceux qui leur sont assimilés en droit canonique, à savoir le prélat territorial, le vicaire apostolique, le préfet apostolique, l'administrateur apostolique et l'administrateur diocésain, ainsi que le secrétaire général de la CENCO. En notant que l'octroi de

des peuples en vue du bien spirituel, moral et matériel de la famille humaine tout entière.

[99] Cf. PREMIER MINISTRE, *Décret N°22/26 du 17 juin 2022 portant modalités et mesures d'application de l'Accord-cadre entre le Saint-Siège et la République démocratique du Congo sur des matières d'intérêt commun du 20 mai 2016*, Kinshasa 17 juin 2022.

visas sera gratuit en cas de concession, le même décret signale une instruction permanente du Ministre ayant les Affaires Étrangères dans ses attributions contenant les conditions nécessaires à remplir par les ecclésiastiques ou les religieux envoyés en mission ou invités en RDC, et demandeurs de visas. Celle-ci est notifiée, à l'entrée en vigueur du présent Décret, à toutes les missions diplomatiques et consulaires de la RDC, pour rendre effective la facilité d'octroi de visas. Cela vaut aussi pour les demandes de permis de séjours introduites par des ecclésiastiques ou des religieux envoyés en mission en RDC.[100] Que les Autorités publiques de la RDC ignorent ces dispositions et restent dans la mentalité de tracasseries interminables, et ce, même sur des matières faisant partie de cette saine coopération entre le Saint-Siège et la RDC, alors on conclura que l'État congolais ne veut pas respecter le principe du droit international formulé en ces termes : « Pacta sunt servanda ».

3.2.4. Respect des signes religieux et inviolabilité des lieux des cultes

Article 6.

§ 1. La République Démocratique du Congo garantit à l'Église catholique le respect de l'identité de ses signes

---

[100] Cf. Cf. PAULO VI, Motu proprio *Sollicitudo omnium Ecclesiarum*, 24 juin 1969. Ici, il est clairement spécifié que les rapports entre l'Église et l'État sont normalement cultivés par le Légat Pontifical qui a reçu la responsabilité d'agir au nom du Saint-Siège pour favoriser des rapports avec le Gouvernement de la Nation là où il est accrédité. C'est aussi le Légat pontifical qui s'occupe de la stipulation d'un *modus vivendi*, des accords et des concordats ainsi que des conventions qui se réfèrent à des questions de la sphère du droit public. Il peut donc intervenir pour des négociations en vue de faciliter la tâche pour l'obtention des visas des missionnaires étrangers au Congo.

religieux et de ses titres régulièrement portés à la connaissance des Autorités civiles compétentes.

§ 2. Dans le cadre de sa législation, la République Démocratique du Congo assure l'inviolabilité des lieux de culte : églises, chapelles, oratoires, cimetières et leurs dépendances.

§ 3. Ces lieux de culte ne peuvent être destinés à d'autres usages, de façon permanente ou temporaire, que pour des motifs graves et avec l'accord explicite de l'Autorité diocésaine dont ils dépendent.

§ 4. Au cas où ces lieux de culte présenteraient des risques graves et avérés pour la sécurité des personnes et des biens, les Autorités civiles prendront toute mesure de protection nécessaire, à charge pour elles d'avertir le plus tôt possible les Autorités ecclésiastiques, c'est-à-dire l'Évêque du diocèse et la personne directement responsable de l'usage cultuel de l'édifice en question.

§1. Garantir le respect de l'identité des signes religieux et de titres fait partie de la liberté religieuse prévue dans la Déclaration Universelle des droits de l'homme de 1948. Autrement dit, garantir la liberté religieuse dans un État est corollaire d'une manière ou d'une autre au respect des signes, symboles et titres qui constituent la manifestation d'une identité religieuse. Au niveau international, il existe un système de protection de la liberté religieuse qui oblige les États à reconnaitre la prééminence du choix individuel, garantissant la liberté de vouloir ou non pratiquer sa religion, et de vouloir montrer ou non ses signes religieux, partie intégrante d'une identité religieuse. Et quand on parle du système international de protection des droits humains, il y a référence à deux éléments. D'une part, à l'ensemble des instruments conventionnels, des déclarations, des traités qui définissent le contenu et les limites d'exercice des libertés fondamentales, en individualisant un minimum standard de garantie pour tous les individus, sans discrimination. D'autre part, il est question de tous les mécanismes de contrôle, de supervision, monitorage et organes de juridiction qui peuvent donner une effectivité concrète de ce qui est énoncé dans les normes internationales. La proclamation d'une garantie ne suffit pas. Il devrait y avoir un siège international capable de sanctionner des déviations.[101]

La RDC s'inscrit donc dans ce système international en recevant la liberté religieuse dans sa Constitution. Par conséquent, si l'exercice d'une religion est garanti, alors même le respect de l'identité des signes religieux et des titres de l'Église catholique est non seulement garanti mais aussi protégé à travers le contrôle, la supervision et des organes de juridiction afin d'en donner une concrète effectivité sur toute l'étendue du territoire national. Comme le stipule le décret portant modalités et mesures d'application de cet Accord-cadre, l'utilisation par des tiers des signes religieux et le port des titres protégés sont punis conformément à la législation pénale en la matière.[102] Voilà pourquoi le Ministre ayant l'Intérieur dans ses attributions reçoit la liste des signes religieux et des titres visés à l'alinéa 1er du présent article, déposée par

---

[101] Cf. S. ANGELETTI, *Libertà religiosa e patto internazionale sui diritti civili e politici. La prassi del comitato per i diritti umani delle Nazioni Unite*, G. Giappichelli Editore, Torino 2008, 94.

[102] Cf. PREMIER MINISTRE, *Décret N°22/26 du 17 juin 2022,* Art. 9. On s'est permis de modifier la formulation de cette disposition parce que sa structure telle que libellée dans le texte peut créer des problèmes soit dans sa compréhension soit dans l'accord du verbe avec ses sujets. Le texte original stipule ceci : « L'utilisation par des tiers, des signes religieux et le port des titres protégés, est punie conformément à la législation pénale en la matière ». On préférerait ceci : « L'utilisation par des tiers des signes religieux et le port des titres protégés sont punis conformément à la législation pénale en la matière ». Cette dernière formulation crée la distinction entre « l'utilisation par des tiers des signes religieux » et « le port des titres religieux ». Les deux sont punis par (…).

la CENCO, et la communique aux Ministères et services publics concernés, pour protéger les signes religieux et les titres, et leur conférer le caractère exclusif et la marque déposée.[103] Il relève donc de la responsabilité de l'État congolais à empêcher que l'identité et les signes religieux de l'Église catholique soient sabotés ou utilisés à tort par des délinquants qui le font parfois à dessein, surtout lorsqu'ils sont pris en otage par une idéologie politique exécrable.

§2. Dans le cadre de sa législation, la RDC prend la responsabilité d'assurer l'inviolabilité des lieux de culte : église, chapelles, oratoires, cimetières et leurs dépendances. Parler du cadre législatif congolais ici engage l'État congolais à assurer cette inviolabilité non seulement par de beaux discours politiques mais surtout en créant des lois qui assurent ladite inviolabilité. Dans ce sens, tous ceux qui s'arrogent le droit de profaner délibérément ces lieux de culte devraient être poursuivis par l'État. L'Église tient à l'inviolabilité de ces lieux car ils sont sacrés. Ces derniers sont destinés au culte divin ou à la sépulture des fidèles par la dédicace ou la bénédiction que prescrivent à cet effet les livres liturgiques (cf. can. 1205). A titre d'informations, deux éléments juridiques constituent un lieu sacré : la destination du lieu au culte ou à la sépulture décidée par l'autorité compétente, et la dédicace ou la bénédiction liturgique. On ne dit pas qu'un lieu est sacré parce qu'on y célèbre des actes de culte. Au contraire, il est sacré lorsqu'il est liturgiquement dédicacé ou béni. La dédicace et la bénédiction constitutive ont pour effet de rendre sacrés les lieux. Et l'autorité ecclésiastique exerce librement ses pouvoirs et ses fonctions dans ces lieux sacrés (cf. can. 1213). Le can. 1160 du CIC/1917 était assez catégorique en stipulant que « les lieux sacrés sont exempts de la juridiction de

---

[103] Cf. PREMIER MINISTRE, *Décret N°22/26 du 17 juin 2022*, Art. 9.

l'autorité civile, et dans ces mêmes lieux, l'autorité légitime de l'Église y exerce librement sa juridiction ». Pour très bien exprimer le caractère sacré et réservé des lieux sacrés, le can. 1179 du CIC/1917 prescrivait que « l'église jouit du droit d'asile, de telle sorte que les coupables qui s'y réfugient ne peuvent en être extradés, sauf nécessité, sans l'assentiment de l'Ordinaire, ou du tout au moins du recteur de l'église ».[104] En s'engageant à assurer l'inviolabilité des lieux de culte, et ce, dans le cadre de sa législation, on peut ajouter que l'État congolais accepte que l'exercice des pouvoirs et des fonctions à des lieux sacrés soient réservés à l'autorité ecclésiastique sans la moindre interférence ou ingérence de la part des autorités civiles.

§3. Du moment où un lieu revêt un caractère sacré, par sa bénédiction ou sa dédicace, et sa destination au culte, il est strictement interdit de l'utiliser habituellement à des usages profanes ou à d'autres usages de façon permanente ou temporaire. Si cela arrive, alors c'est à cause des motifs graves et avec l'accord explicite de l'Autorité diocésaine dont ils dépendent. Ainsi, le can. 1210 récite : « Ne sera admis dans un lieu sacré que ce qui sert ou favorise le culte, la piété ou la religion, et y sera défendu tout ce qui ne convient pas à la sainteté du lieu. Cependant, l'Ordinaire peut permettre occasionnellement d'autres usages qui ne soient pourtant pas contraires à la sainteté du lieu ». La RDC s'engage donc à garantir le respect de la destination, de la dédicace ou de la bénédiction des lieux de cultes de l'Église catholique. C'est l'autorité civile qui devrait protéger tous ces lieux et poursuivre quiconque risquerait de se lancer dans des actes de profanation pour se moquer de l'Église catholique. Pour changer l'usage d'un lieu sacré, même s'il est de façon temporaire ou

---

[104] Cf. L. CHAPPETTA, *Il Codice di diritto canonico. Commento giuridico-pastorale*, Vol. II, 328-330.

permanente, il faut nécessairement un accord explicite de l'Autorité diocésaine dont il dépend. Dans cette logique, on ne peut pas comprendre qu'une église soit sollicitée par des fonctionnaires de l'État en vue d'y installer un bureau de votes pendant les élections. De même, l'Église ne permet pas qu'un curé se mette d'accord avec un politicien pour qu'un rassemblement à caractère politique se tienne dans un lieu réservé au culte. S'il y a un motif grave qui fait que ces lieux de culte soient destinés à d'autres usages de façon permanente ou temporaire, alors il faut qu'il y ait l'accord explicite de l'autorité diocésaine dont ils dépendent.

§4. Par ailleurs, au cas où ces lieux de culte présenteraient des risques graves et avérés pour la sécurité des personnes et des biens, le présent Accord-cadre prescrit une démarche appropriée à suivre. D'abord les Autorités civiles doivent prendre toute mesure de protection nécessaire. Il ne s'agit pas là de créer des manœuvres administratives dilatoires avant d'intervenir. Il faut prendre toute mesure pour protéger des personnes et des biens. Cela relève de la responsabilité de l'autorité civile. Ensuite, cette dernière doit informer le plus tôt possible les autorités ecclésiastiques. Ici, on cite en premier l'Évêque diocésain. Puis, il a été mentionné la personne directement responsable de l'usage cultuel de l'édifice en question : le curé d'une paroisse, le recteur d'une église, etc. Cette façon de procéder fait preuve du souci de coopération entre les autorités civiles et ecclésiastiques pour envisager des solutions communes sur des matières d'intérêt commun dans le respect des compétences.

Somme toute, cette disposition récuse avec la dernière énergie des actes de barbaries, des actions gravement injurieuses parfois commis au scandale des fidèles dans les lieux sacrés, sous prétexte de protester contre les positions de l'Église surtout en rapport avec la politique du pays.[105] Et l'autorité civile ne peut donc pas rester indifférente face à de tels actes d'autant plus qu'elle promet d'assurer l'inviolabilité de ces lieux de culte. Son silence peut donner l'impression d'une complicité avec les délinquants. Néanmoins, on ne perdra pas de vue non plus de rappeler à quiconque s'engagerait à construire ou à réparer des lieux sacrés, en l'occurrence une église, que la norme du can. 1216 exige le recours à l'avis d'experts, et l'observation des principes et les règles de la liturgie et de l'art sacrés soient. Pour tout ceci, il faut obtenir le consentement formel non pas d'un politicien ou d'un député national qui finance la construction ou la réparation mais de l'Évêque diocésain avant de s'engager à réaliser tous ces travaux.

3.2.5. Nomination d'un prêtre ou membre d'un institut religieux dans les charges ecclésiastiques et dans les fonctions publiques

Article 7

§1. Toutes les nominations ecclésiastiques ainsi que l'attribution des charges ecclésiastiques sont exclusivement réservées à l'Église catholique, en conformité avec les normes du droit canonique.

---

[105] Sans jeter un discrédit sur ce que l'État congolais abat comme travail pour protéger les biens de ses citoyens, force est de constater que parfois il est très facile de remarquer son absence lorsqu'il doit garantir la protection des biens de l'Église, en l'occurrence des lieux sacrés. De plus en plus, on assiste à des actes de barbaries qui désacralisent des lieux sacrés sans aucune implication sérieuse de la part des autorités civiles. Hésiterait-on de traiter l'Etat d'être complice pour ce genre d'indifférence face aux actes inciviques ? Le souhait est qu'un Accord-cadre de ce genre alimente dans le chef des autorités civiles le sens de responsabilité et le respect des engagements pris pour garantir le respect et la protection des patrimoines ecclésiastiques en RDC.

§2. La nomination, le transfert, la destitution et l'acceptation de la renonciation des Évêques relèvent de la compétence exclusive du Saint-Siège.

§3. Avant la publication de la nomination d'un Évêque diocésain, le Saint-Siège en informera confidentiellement et à titre de courtoisie le Gouvernement congolais, qui s'engage à garder le secret de la nouvelle, jusqu'à sa publication officielle.

§4. Toute nomination que l'État veut réserver à un prêtre ou à un membre d'un Institut religieux jouissant de la personnalité juridique dans l'Église catholique doit requérir l'accord écrit de l'Évêque diocésain ou du Supérieur Général de la personne concernée, quant à l'opportunité d'une telle nomination, à la durée ainsi qu'aux engagements et avantages qui en découlent. Cet accord sera respectueux des normes canoniques.

§1. Cette disposition reflète une matière pluriséculaire qui a provoqué des tensions et des conflits juridictionnels entre les États et le Saint-Siège.[106] Au-delà de tout ce que l'histoire retient de cette lutte, l'Église s'est battue pour éviter l'ingérence de l'autorité civile dans les matières qui lui sont exclusivement réservées. C'est pour assurer son indépendance, sa souveraineté et son autonomie en prévenant toute possibilité d'abus externes. L'Église n'a plus accepté des interférences des législations séculières en ce qui concerne toutes les nominations et les attributions des charges ecclésiastiques. On sait que dans le passé, d'une part, les princes souverains voulaient intervenir dans le choix des prélats. La crise de la papauté lors du Grand Schisme et du conciliarisme facilitera sans doute leurs entreprises. D'autre part, les princes ont légiféré sur des procédures à suivre pour le choix des curés et des autorités ecclésiastiques. Nommée par le prince, l'autorité ecclésiastique devait s'y soumettre. En France,

[106] Cf. A. BLASI, *Concordati africani*, 87.

par exemple, l'élection des curés était conçue selon un mode de scrutin calqué sur celui appliqué lors des élections politiques. Un autre cas, toujours en France, est le fait que Napoléon imposait qu'un curé soit nommé par décret en Conseil d'État, après avoir reçu l'agrément du gouvernement, donné par le préfet. Il ne devrait prendre ses fonctions qu'après ces formalités. Dans le contexte de ces confusions qui ont fait date, il existait des dispositions canoniques en matière de provision aux charges ecclésiastiques. Cependant, les princes et les législateurs, sans les contester, y ajoutaient d'autres prescriptions qu'ils estimaient utiles au bien de l'État ou de l'ordre public. Mais avec le recul du temps, l'Église s'émancipera du pouvoir civil dans la séparation sans confusion entre le spirituel et le temporel.[107] Désormais, les normes du droit canonique fixent les conditions d'accès aux offices ecclésiastiques et aux charges ecclésiastiques sans permettre les ingérences de l'autorité civile.

Ayant pris conscience de la compétence exclusive de l'Église en cette matière, il ne reste plus qu'à considérer les normes du droit canonique en ce qui concerne les nominations ecclésiastiques et l'attribution des charges ecclésiastiques. En fait, un office ecclésiastique ne peut être validement obtenu sans provision canonique (cf. can. 146). Cette dernière, en effet, est un acte juridique, de nature administrative, par lequel on assigne un titulaire à un office. Elle se fait suivant divers modes qui sont spécifiés par la norme du can. 147 du CIC/1983. En voici le contenu : la provision d'un office ecclésiastique se fait par la libre collation de la part de l'autorité ecclésiastique compétente. La collation n'est rien d'autre que l'acte juridique de désignation du titulaire d'un office. Cette

[107] Cf. B. BASDEVANT-GAUDEMET, *Histoire du droit canonique et des institutions de l'Église latine XVe-XXe Siècle*, Economica, Paris 2014, 200-203 ; 300.

collation peut dépendre d'un acte préalable de présentation, d'élection ou de postulation. L'acte correspondant de l'autorité portera respectivement le nom d'institution, de confirmation ou d'admission.[108] A titre illustratif, il est réservé à l'Évêque diocésain le droit de pourvoir par libre collation aux offices ecclésiastiques dans son Église particulière (cf. can. 157). Sauf un cas d'empêchement légitime, les clercs sont tenus d'accepter et de remplir fidèlement la fonction que leur Ordinaire leur a confiée (cf. can. 274, §2). Il n'est prévu nulle part une intervention de l'autorité civile dans ce processus de provision canonique. On ne le dira jamais assez, c'est une matière réservée et exclusive de la compétence de l'autorité ecclésiastique, finalement preuve de l'indépendance, de la souveraineté et de l'autonomie de l'Église vis-à-vis de l'État. Une tentative d'ingérence de la part de l'autorité civile serait une erreur diplomatique grave qui nous ferait reculer dans le passé.

§2. Alors que les normes canoniques précisent que c'est le Pontife Suprême qui nomme librement les Évêques, ou il confirme ceux qui ont été légitimement élus, elles n'oublient pas de réaffirmer l'exclusivité de cette compétence en stipulant que désormais aucun droit ou privilège d'élection, de nomination, de présentation ou de désignation d'Évêque n'est accordé aux autorités civiles. C'est une matière très sensible dans la mesure où les évêques ont toujours assumé un rôle central en ce qui concerne des rapports entre l'Église et l'État. En réalité, ce sont des Évêques qui représentent l'Église catholique pour tous ces rapports en vue de la coopération pour réaliser des projets communs dans les secteurs par exemple de la santé, de l'éducation et de la formation et dans tout ce qui

---

[108] Cf. E. CAPARROS – T. SOL (sous la direction de), *Code de droit canonique bilingue et annoté*, 141-142.

nécessite ce rapprochement.[109] Consciente de toutes les tensions historiques entre les deux puissances, l'Église catholique prend soin de se réserver cette matière à sa seule compétence pour ne pas se laisser commander ou influencer par les autorités publiques.

Ainsi, la nomination, le transfert, la destitution et l'acceptation de la renonciation des Évêques relèvent désormais de la compétence exclusive du Saint-Siège : « Le Pontife Suprême nomme librement les Évêques, ou il confirme ceux qui ont été légitimement élus » (cf. can. 377, §1). C'est vrai que leur nomination est réservée au Souverain Pontife. Mais celle-ci est la résultante d'un long processus de consultation, de proposition de ceux qui sont habilités à collaborer avec le Saint-Siège en cette matière. Même s'il peut s'avérer assez long, on estime nécessaire de décrire ici l'*iter* que les normes canoniques prévoient pour la nomination d'un Évêque (cf. can. 372, § 2). Dans un pays bien déterminé, tous les trois ans au moins, les Évêques d'une province ecclésiastique ou bien, là où les circonstances y invitent, les Conférences des Évêques dressent d'un commun accord et en secret une liste de prêtres, même membres d'instituts de vie consacrée, les plus aptes à l'épiscopat, et ils la transmettent au Siège Apostolique. Aussi, est-il que chaque Évêque, d'une manière autonome, a le droit de faire connaitre séparément au Siège Apostolique le nom des prêtres qu'il estime dignes et idoines pour la charge épiscopale. Une fois en possession de ces propositions venant à la fois des Évêques d'une province, de ceux d'une Conférence, ou encore séparément d'un Évêque diocésain, le Légat pontifical a la charge de s'informer sur chacun des trois noms proposés par les circonscriptions ecclésiastiques susmentionnées et de communiquer au Siège Apostolique,

[109] Cf. A. BLASI, *Concordati africani*, 87.

avec son propre avis, les suggestions du Métropolitain et des suffragants de la province où se trouve le diocèse à pourvoir ou à laquelle il est rattaché, ainsi que du président de la Conférence des Évêques. Dans la même logique, le Légat pontifical entendra les membres du Collège des consulteurs et du chapitre cathédral, et, s'il le juge à propos, il demandera secrètement et séparément l'avis de quelques membres de l'un et de l'autre clergé et de laïcs reconnus pour leur sagesse. Hormis cette étape, l'Évêque diocésain qui estime que son diocèse a besoin d'un auxiliaire proposera au Siège Apostolique une liste d'au moins trois prêtres les plus aptes à recevoir cet office. Tout ceci se réalise à moins de disposition autre légitimement établie. Dans l'entretemps, il existe des critères d'idonéité pour tous les candidats proposés à l'Épiscopat[110] selon le can. 378 : «§1. 1° qu'il ait, à un degré élevé, une foi solide, de bonnes mœurs, la piété, le zèle des âmes, la sagesse, la prudence et les vertus humaines, et qu'il soit doué par ailleurs des autres qualités qui le rendent capable d'accomplir l'office dont il s'agit ; 2° qu'il jouisse d'une bonne renommée ; 3° qu'il ait au moins trente-cinq ans ; 4° qu'il soit prêtre depuis cinq ans au moins ; 5° qu'il ait obtenu le doctorat ou au moins la

[110] Cf. *Christus dominus*, n. 21. On fait référence à ce décret pour signaler que le processus pour la nomination d'un évêque est entrepris suite à la renonciation d'un évêque à sa charge : « Puisque la charge pastorale des évêques est d'une si haute importance et d'une telle gravité, les évêques diocésains et tous les autres qui relèvent des mêmes dispositions du droit, sont instamment priés de donner leur démission, soit d'eux-mêmes, soit sur invitation de l'autorité compétente, si, du fait de leur âge avancé, ou pour toute autre raison grave, ils deviennent moins aptes à remplir leur tâche. L'autorité compétente, si elle accepte cette démission, veillera à assurer l'honnête entretien des démissionnaires et à leur reconnaitre les droits particuliers qui leur reviennent ». Les dispositions de ce décret ont été appliquées par un autre document : *Ecclesiae Sanctae* qui spécifie l'âge précis auquel un évêque doit démissionner : 75 d'âge accomplis.

licence d'Écriture Sainte, de théologie ou de droit canonique dans un institut d'études supérieures approuvé par le Siège Apostolique, ou qu'il soit au moins vraiment compétent en ces matières. §2. Le jugement définitif sur l'idonéité d'un sujet à promouvoir appartient au Siège Apostolique ».

§3. Ce long processus prouve à suffisance que désormais aucun droit ou privilège d'élection, de nomination, de présentation ou de désignation d'Évêque n'est accordé aux autorités civiles (cf. can. 377). C'est par *courtoisie* que le Saint-Siège peut se charger d'informer *confidentiellement* le Gouvernement congolais avant la publication de la nomination d'un Évêque diocésain. A ce propos, ledit Gouvernement est tenu de garder le secret de la nouvelle jusqu'à sa publication officielle. Cette nuance informative confidentielle est capitale d'autant plus qu'elle démontre combien il est nécessaire de rester dans la saine coopération entre l'Église et l'État, même si certaines matières relèvent de la compétence exclusive de l'un ou de l'autre, au nom de l'indépendance, de l'autonomie et de la souveraineté respectives.

§4. Par ailleurs, l'État congolais doit recueillir l'accord écrit de l'Évêque diocésain ou du Supérieur Général de la personne concernée lorsqu'il veut nommer un prêtre ou un membre d'un institut religieux jouissant de la personnalité juridique dans l'Église catholique. Cet accord écrit, tout en respectant les normes canoniques, devrait comporter tous les éléments requis. Peut-être faudrait-il clarifier ces propos. Les nominations ecclésiastiques et les attributions des charges ecclésiastiques relèvent de la juridiction ecclésiastique, de la compétence de l'Église, en conformité avec les normes du droit canonique. En réalité, c'est l'autorité ecclésiastique qui nomme les siens pour les charges et attributions de l'Église. Ceci veut simplement dire que l'État n'a pas la compétence de nommer un ecclésiastique ni dans des charges ecclésiastiques, ni dans des charges étatiques ou civiles. Cependant, si celui-ci veut nommer un prêtre dans des charges qui sont les siennes, c'est-à-dire dans sa propre juridiction, il doit obtenir un accord écrit de l'Évêque diocésain ou du Supérieur Général de la personne concernée. Ledit accord doit contenir des éléments suivants : 1) Très bien expliquer l'opportunité d'une telle nomination dans le secteur étatique ; 2) Déterminer la durée d'un tel engagement : serait-il à temps déterminé ou indéterminé ; à temps plein ou à temps partiel ; 3) Préciser tous les avantages qui découleront d'un tel travail ; 4) Cet accord doit respecter des normes canoniques.

Ces dispositions dévoilent qu'il est désormais illicite qu'un prêtre ou un membre d'un Institut religieux jouissant de la personnalité juridique dans l'Église catholique se laissent nommer par l'État sans avoir obtenu au préalable l'accord écrit de l'autorité compétente ecclésiastique.

3.2.6. Préalables de poursuite contre un clerc, un religieux ou une religieuse et un évêque, et inviolabilité du secret de la confession

Article 8

§1. Les membres de l'Église catholique sont justiciables des juridictions de droit commun pour les infractions commises par eux. Toutefois, pour toute dénonciation, information, poursuite judiciaire ou administrative relative à un clerc, un religieux ou une religieuse et se basant sur d'éventuels comportements incompatibles avec les lois civiles ou pénales, sauf en cas de flagrant délit, avant de déclencher l'action publique, les Autorités judiciaires feront connaitre confidentiellement à l'Évêque du lieu du domicile de

l'intéressé ou à celui du lieu de la commission des faits, s'il est difficile de communiquer avec le premier, les motifs de ces poursuites.

S'il s'agit d'un religieux ou d'une religieuse, son Supérieur direct ou sa Supérieure directe seront également avertis.

§2. Dans le cas d'un Évêque ou d'un prêtre exerçant une juridiction équivalente, l'autorisation préalable du Parquet général de la République est nécessaire et le Saint-Siège en sera aussitôt informé par les Autorités congolaises via la Nonciature Apostolique.

§3. Le secret de la confession est absolu et par là inviolable. Il n'est donc jamais permis d'interroger un clerc en cette matière.

§4. Les Évêques, les prêtres, les religieux et les religieuses ont droit au respect de leur obligation au secret lié à leur état de la même manière que les membres de professions à qui le respect du secret professionnel est reconnu.

§1. En vertu de son droit propre et exclusif,[111] l'Église juge d'abord des causes qui regardent les choses spirituelles. Par exemple la validité d'un baptême, d'une ordination sacrée, d'un mariage, les effets d'un vœu. Ensuite, l'Églisc juge aussi les choses temporelles qui sont connexes à celles spirituelles : on peut citer le droit de présentation ou d'élection à un office ecclésiastique, ce qui concerne le patrimoine ecclésiastique. Enfin, l'Église a la capacité de juger la violation des lois ecclésiastiques et de tous les actes qui ont un caractère de péché, en ce qui concerne la détermination de la faute et l'infliction de peines ecclésiastiques (cf. can. 1401). Le péché ici n'est pas au sens purement théologique, limité au for interne. C'est le péché au sens ample du terme. Il peut alors signifier tout ce qui, en mode direct ou indirect, positif ou

---

[111] Cf. L. CHIAPPETTA (a cura di), *Il Codice di diritto canonico*, 537.

négatif, regarde les biens de la religion, la mission et la finalité de l'Église. Cette capacité de l'Église à juger est un droit propre et exclusif. Le premier veut dire que le pouvoir judiciaire de l'Église dérive, en cette matière, de sa nature et de la volonté de son fondateur divin, et non d'une concession ou d'une délégation de l'autorité civile. Le second insinue qu'en ces matières de la juridiction de l'Église, la compétence est réservée seulement à elle. Une autorité civile n'aurait pas de pouvoir sur elle, même pas en forme cumulative. A bien vrai dire, dans sa juridiction, l'Église est indépendante, autonome et souveraine de n'importe quel pouvoir humain.[112]

Alors que la juridiction de l'Église catholique ne se limite qu'à ses matières propres et exclusives concernant la violation des lois ecclésiastiques, les juridictions de droit commun[113] sont de la compétence de l'État. Ses juridictions sont amples et concernent tous les citoyens congolais, y compris les membres de l'Église catholique. C'est une compétence générale qui permet à l'État de

---

[112] *Ibidem.*

[113] Cf. M. FABRE-MAGNAN, *Introduction au droit*, Presses Universitaires de France, Paris 2021, 6: « Le droit privé comprend principalement le droit civil qui est le droit commun applicable à tous les citoyens. Celui-ci se compose du droit des personnes qui régit ce qu'on appelle "l'état des personnes" (le nom, le sexe, la nationalité, etc.) ; du droit de la famille qui comprend aussi bien les relations extrapatrimoniales (mariage, divorce, PACS, concubinage, filiation) que les relations pécuniaires au sein de la famille (régimes matrimoniaux et successions) ; du droit des obligations qui comprend le droit de la responsabilité civile délictuelle et le droit des contrats ; du droit des biens qui définit la composition du patrimoine ainsi que les rapports des personnes aux choses (propriété, usufruit, etc.) ; ou encore du droit des sûretés relatif aux garanties de paiement des dettes. On rattache aussi au droit privé le droit pénal. L'hésitation était pourtant permise, car le droit pénal a pour objet de sanctionner les comportements délinquants, qualifiés comme tels par la loi parce qu'ils portent atteinte à la société ».

statuer sur tous types de litiges, dans toutes matières, excepté dans la juridiction où la compétence est attribuée seulement à l'Église.

Bien que le droit commun s'occupe des infractions commises par tout citoyen congolais, pour ce qui concerne la poursuite des clercs ou des religieux, l'Accord-cadre prévoit que l'autorité ecclésiastique en soit informée. De fait, il est prévu qu'avant de dénoncer ou d'obtenir des clercs ou religieux des informations ou les poursuivre du point de vue judiciaire ou administratif, les autorités judiciaires doivent d'abord informer confidentiellement l'Évêque du domicile de l'intéressé ou celui du lieu de la commission des faits avant de déclencher l'action publique. Mais s'il s'agit d'un flagrant délit, c'est-à-dire d'un délit qui vient de se commettre ou qui se commet à l'instant même, les autorités judiciaires peuvent entamer toute la procédure, avec la possibilité d'en informer plus tard les autorités ecclésiastiques concernées.

En s'exerçant à bien comprendre cette disposition, on a fourni l'effort de faire ressortir les étapes saillantes dont il faut tenir compte dans la coopération entre l'Église et l'État en matière de droit commun. De prime abord, il faut retenir que les membres de l'Église catholique peuvent être poursuivis lorsqu'ils enfreignent les lois civiles ou pénales de l'État congolais. Seulement, quand il s'agit d'un clerc, d'un religieux ou religieuse, il faut noter ceci : 1) Il doit y avoir un éventuel comportement incompatible avec les lois civiles ou pénales. 2) Il faut informer l'autorité ecclésiastique de la possibilité de déclencher une action publique concernant le délinquant. 3) De même, il faut lui exposer les motifs de ces poursuites. De quelle autorité ecclésiastique est-il question ? Il peut s'agir de l'Évêque du lieu du domicile de l'intéressé. L'information peut aussi être donnée à l'Évêque du lieu de la commission des faits au cas où il serait difficile de communiquer avec le premier. Quand c'est un religieux ou une religieuse qui est présumé(e) coupable, alors l'information est à communiquer à son (sa) Supérieur(e). Ce n'est qu'à l'issu de ces étapes qu'une action publique pourrait être déclenchée. Cette coopération est indispensable, et fait preuve d'un souci commun pour sauvegarder le pays, le peuple, les biens éventuellement abusés par le présumé clerc ou religieux.[114]

§2. Restant dans l'esprit de cette coopération bilatérale en matière de juridictions de droit commun, s'il s'agit d'un Évêque ou d'un prêtre exerçant une juridiction équivalente qui commet une infraction, l'autorisation préalable du Parquet général près la Cour de Cassation est nécessaire en vue de sa dénonciation ou de sa poursuite judiciaire. Ensuite, le Saint-Siège en sera aussitôt informé par les autorités congolaises via la Nonciature Apostolique.[115] Cette information réservée au Saint-Siège rappelle en sourdine la norme canonique selon laquelle c'est le Pontife Romain qui est compétent de juger les Évêques dans la juridiction exclusive à l'Église (cf. can. 1405). Mais puisqu'il s'agit ici de la compétence du droit commun, l'Accord-cadre prévoit que le Saint-Siège soit malgré tout informé de toute action publique qui serait déclenchée contre un Évêque ou un prêtre exerçant une juridiction équivalente. La coopération Église-État en cette matière nous rappelle que dans le passé, toutes les causes criminelles ou contentieuses relatives aux personnes jouissant du privilège du for étaient exclues ou exemptées

---

[114] Cf. A. BLASI, *Concordati africani*, 89.

[115] Cf. Décret N°22/26 du 27 juin 2022, Art. 12 : « En attendant la modification des dispositions pertinentes du Code de procédure pénale, le Ministre ayant la justice dans ses attributions donne une instruction permanente au Procureur Général près la Cour de Cassation, pour assurer la mise en œuvre conforme des dispositions des alinéas 1er, 2, 3 et 4 du présent article par les services du Parquet, sur l'ensemble du territoire national.

de la juridiction civile : clercs, religieux, membres de la Société de vie commune « sine votis ».[116] Mais puisque ce privilège n'a plus été retenu dans les relations entre l'Église et l'État, il a été convenu de coopérer au niveau communicationnel avant de déclencher n'importe quelle action publique concernant ces personnes.

§3. Même si les clercs, les religieux et les Évêques peuvent être poursuivis en cas d'éventuels comportements incompatibles avec les lois civiles ou pénales en RDC, cet Accord-cadre stipule qu'il n'est pas permis de les interroger sur des matières relatives au sacrement de la confession. Car, le secret de la confession est absolu et inviolable. Il est absolument interdit au confesseur de trahir en quoi que ce soit un pénitent, par des paroles ou d'une autre manière, et pour quelque cause que ce soit. L'État congolais reconnait donc l'inviolabilité du secret confessionnel. A titre d'information, la violation du secret confessionnel peut être directe ou indirecte. Elle est directe quand le confesseur révèle le péché et le pécheur ; tandis que la violation indirecte a lieu lorsque l'on peut déduire des paroles, des gestes ou des omissions du confesseur qui est le pécheur et quel est le péché. Plus il est possible de faire cette déduction, plus la violation indirecte se rapproche de la violation directe, moyennant quoi la gravité du délit s'accroit. D'où la possibilité d'une variation de la peine (cf. cann. 983 ; 1386).[117] Cette disposition sur l'inviolabilité du secret confessionnel vaut non seulement pour l'autorité publique mais aussi pour le clerc lui-même. Ce dernier ne peut pas se laisser faire en

---

[116] Cf. L. CHIAPPETTA (a cura di), *Il Codice di diritto canonico*, 537.

[117] Cf. *Codice di diritto canonico* (a cura della Redazione di Quaderni di diritto canonico), 75-76. Dans ces commentaires, il est clairement présenté la différence entre la violation directe et la violation indirecte du secret de la confession. Cf. E. CAPARROS – T. SOL (sous la direction de), *Code de droit canonique bilingue et annoté*, 1231.

acceptant de dévoiler tout ce qui relève des péchés ou des pécheurs qui se sont confessés auprès de lui, malgré sa poursuite ou son arrestation.

§4. Hormis l'aspect sacramentaire où le secret de la confession est absolu et inviolable, il existe d'autres secrets de profession qui lui sont assimilés. Il s'agit des secrets liés à l'état. Autant les médecins, les avocats, les infirmiers et autres ont droit au respect de leur obligation au secret lié à leur état, autant l'Accord-cadre reconnait le respect de la même obligation pour les Évêques, les prêtres, les religieux et les religieuses. Ces derniers ne peuvent donc pas être interrogés sur des matières qui peuvent les obliger à dévoiler le secret lié à leur état.

3.2.7. Droit d'acquérir, de posséder, d'administrer et d'aliéner les biens temporels pour sa mission

Article 9

§1. Les personnes juridiques ecclésiastiques peuvent acquérir, posséder, disposer et aliéner des biens mobiliers et immobiliers, comme des droits patrimoniaux, dans le cadre des législations canonique et congolaise.

§2. Les personnes juridiques ecclésiastiques peuvent librement recevoir de la part des fidèles et des personnes de bonne volonté des dons et décider de quêtes et de toute contribution destinée à l'accomplissement de leur mission dans le respect des normes canoniques.

§3. Ces mêmes personnes juridiques ecclésiastiques peuvent instituer des fondations, dont les activités, quant à leurs effets civils, seront soumises aux normes légales congolaises.

§4. Les ecclésiastiques, leurs biens et les biens des personnes juridiques ecclésiastiques sont imposables au

même titre que les personnes et les biens des citoyens de la République Démocratique du Congo.

§5. Font exception à ce que prévoit l'Article 9 §4 : les lieux et les édifices consacrés au culte divin, les séminaires ecclésiastiques, les maisons de formation des religieux et des religieuses, les biens et les titres dont les revenus sont destinés aux besoins du culte et aux programmes culturels et sociaux et ne constituent pas des revenus personnels pour leurs bénéficiaires.

§ 1. D'entrée de jeu, on tient à signaler que l'emploi du verbe « posséder » ici, comme dans plusieurs versions du Code de droit canonique, reste très controversé. C'est sur base du texte latin qu'on ose le remettre en question. En fait, le texte latin utilise le verbe « retinere ». Ce dernier devrait être traduit par « retenir » pour rendre authentiquement ce que ce verbe veut insinuer dans ce contexte. A ce propos, Renken signale que lors de la révision du Code, le schéma 1977 a utilisé à la fois les verbes « retinere » et « possedere ». Lorsque la Commission des consulteurs a constaté cet usage indifférent de ces deux verbes, elle a indiqué que soit retenu partout dans le Code le verbe « retinere » et non « possedere ».[118] De Paolis approfondit la question en relevant que « retinere » ne veut pas signifier « posséder » tout court, mais conserver la possession comme propriétaire ou *dominus*.[119] Même si l'emploi de « possedere » est très fréquent, on estime qu'il faille bien l'expliciter pour ne pas le confondre par le simple fait de posséder ou de conserver alors qu'il est question d'exercer le *dominus* sur un bien en tant que propriétaire.

[118] Cf. J. RENKEN, *Church property. A commentary on Canon Law Governing Temporal Goods in the United States and Canada*, Saint Paul University, Saint Pauls, Ottawa 2018, 17.

[119] Cf. V. DE PAOLIS, *I beni temporali della Chiesa,* a cura di A. PERLASCA, EDB, Bologna 2011, 91.

Qu'à cela ne tienne, les dispositions du premier paragraphe de cet article ne peuvent pas porter à confusion en ce qui concerne le droit inné de l'Église catholique d'acquérir, retenir, administrer et aliéner des biens temporels, indépendamment du pouvoir civil, pour la poursuite des fins qui lui sont propres (cf. can. 1254, §1). La référence à la norme du can. 1254, § 1 insinue que le droit de l'Église catholique aux biens est *inné* et *indépendant* du pouvoir civil. Le droit inné n'est pas lié à la concession ou à la tolérance de l'État mais tire son origine de la nature même de l'Église. « Indépendamment du pouvoir civil » veut dire qu'aucun pouvoir civil ne peut limiter l'existence ou l'exercice de ce droit. Cette teneur canonique se base sur le principe de la liberté religieuse.[120] De cette indépendance découle le principe selon lequel les biens ecclésiastiques sont régis par les lois canoniques sans ingérence du pouvoir civil. Il vaut la peine de signaler que, dans certains cas, le recours aux normes civiles serait alors une libre décision de l'autorité ecclésiastique dans les circonstances où les normes ecclésiastiques qui doivent régir l'administration des biens ecclésiastiques n'auraient rien prévu. Dans ce cas, on parle de la canonisation des lois de l'État qu'on expliquera plus loin.[121]

Par ailleurs, la disposition de cet Accord-cadre ne parle pas de l'Église catholique de façon générale qui seule jouit d'un droit inné et propre aux biens temporels mais des personnes juridiques ecclésiastiques selon la norme du can. 1255. Celles-ci, sans avoir concrètement ce droit inné, indépendant et propre, y participent en agissant au nom de l'Église et sous la vigilance de l'autorité. Quelles sont ces personnes juridiques ecclésiastiques ? Il s'agit des Églises particulières, des séminaires, des paroisses, des écoles catholiques, des Conférences des évêques, des associations

---

[120] Cf. L. CHIAPPETTA, *Il Codice di diritto canonico*, 365.
[121] Cf. V. DE PAOLIS, *I beni temporali della Chiesa*, 107.

publiques, etc. En clair, cette disposition traite des sujets ayant la capacité juridique d'acquérir, de retenir, d'administrer et d'aliéner des biens mobiliers et immobiliers, comme des droits patrimoniaux à travers lesquels agit l'Église catholique. La note spéciale ici se trouve dans le fait que toutes ces fonctions ne sont pas seulement régies par des législations canoniques mais aussi congolaises : « [...] Les personnes juridiques ecclésiastiques peuvent acquérir [...] dans le cadre des législations canonique et congolaise ». Ainsi, en imbriquant ces deux systèmes législatifs, cela ne signifie nullement que l'État congolais concède à ces personnes juridiques la capacité juridique aux biens temporels. Au contraire, cela veut dire que bien qu'elles soient des personnes juridiques publiques canoniques, étant aussi reconnues et enregistrées par l'État congolais comme des personnes juridiques à caractère public, l'Église s'accorde avec l'État congolais afin que dans l'exercice de leurs droits et devoirs qu'elles se conforment aussi bien aux législations canoniques que civiles. On peut prolonger cette interprétation en spécifiant que puisque l'État congolais a reconnu et enregistré des personnes juridiques publiques canoniques dans le for civil, désormais elles jouissent d'une double capacité juridique : canonique et civile.[122] C'est ainsi que le Code de droit canonique prévoit que les administrateurs nommés pour l'administration des biens ecclésiastiques aient des connaissances du droit canonique et du droit civil. Car, dans l'exercice de leurs fonctions, ils sont tenus d'observer les dispositions des droits tant canonique que civil (cf. can. 1284, §2, 2° et 3°).

Pour revenir à la question de la canonisation des lois civiles, il faut admettre que l'autorité ecclésiastique

---

[122] Cf. E. CAPARROS – T. SOL (sous la direction de), *Code de droit canonique bilingue et annoté*, 1107.

accepte qu'il y ait recours aux normes civiles chaque fois qu'il y a nécessité dans l'Église (cf. can. 22). Plus précisément, le livre V axé sur les biens temporels de l'Église étant bref, l'Église laisse cette possibilité de se référer aux lois civiles sans pour autant renoncer à sa fonction spécifique, religieuse et morale.[123] Et ce recours se fait par l'opération appelée « canonisation des lois civiles », sans permettre une interférence ou ingérence de l'État dans l'administration des biens ecclésiastiques. Cet exercice de la canonisation de la loi civile en droit patrimonial démontre que même si l'Église détient la compétence exclusive à légiférer en matière patrimoniale, elle n'exclut pas la possibilité de faire recours à la législation civile quand elle n'a rien prévu.

Il s'avère donc nécessaire d'encadrer juridiquement tout ce qui concerne les biens de l'Église d'une part, par des normes canoniques, et d'autre part, par des normes civiles congolaises. Cette tâche est désormais rendue facile dans la mesure où l'État congolais a reconnu et enregistré des personnes juridiques publiques canoniques dans sa juridiction civile.

§2. Entendu que l'Église est indépendante et jouit d'un droit inné pour acquérir, retenir, administrer et aliéner les biens temporels pour sa mission sur la terre, cette même logique continue lorsque des personnes juridiques publiques canoniques qui participent à sa mission ou à travers lesquelles celle-ci opère doivent recevoir des dons de la part des fidèles et des personnes de bonne volonté. Ce droit découle du principe de la liberté religieuse. Car, dans le passé, pour des raisons idéologiques, les États ont légiféré avec des lois restrictives à l'endroit de l'Église afin de l'empêcher de jouir de ses droits et de sa liberté religieuse. Aujourd'hui, sans vraiment rechercher des privilèges, l'Église ne veut plus être contrainte par le

---

123 Cf. V. De Paolis, *I beni temporali della Chiesa*, 71.

pouvoir civil à ne pas acquérir des biens pour faciliter sa mission sur la terre. Cet aspect est abordé dans DH qui rappelle la liberté religieuse en ces termes : « Les communautés religieuses ont aussi le droit de ne pas être empêchées par des moyens législatifs ou par une action administrative du pouvoir civil [...] d'acquérir et de gérer les biens dont ils ont besoin ».[124]

Les personnes juridiques publiques ecclésiastiques, participant au droit inné de l'Église d'acquérir des biens temporels ou d'exiger des fidèles ce qui est nécessaire à ses fins propres, leur liberté se voit assurée pour recevoir de la part des fidèles et des personnes de bonne volonté des dons et décider de quêtes et de toute contribution destinée à l'accomplissement de leur mission. En même temps, les fidèles ont la liberté de disposer de leurs biens temporels en faveur de l'Église (cann.1260 ; 1261). Dans cette disposition, la nuance canonique émerge lorsqu'il est prévu que cette liberté de recevoir des dons et de décider de quêtes et autres se fasse non pas selon les normes civiles mais dans le respect des normes canoniques. Celles-ci prévoient plusieurs moyens d'obtenir tous ces biens en l'occurrence : des quêtes, des offrandes à l'occasion de l'administration des sacrements et des sacramentaux, etc. Pour éviter une inflation excessive des initiatives ou des abus dans la sollicitation des quêtes et pour garantir l'uniformité dans la pratique à l'intérieur d'une même région, les Conférences épiscopales, plus spécifiquement des Évêques diocésains, sont tenus de porter des normes particulières appropriées.[125]

§3. Autorisées d'acquérir des biens dans l'accomplissement de leur mission, et ce, dans le respect des normes canoniques, ces mêmes personnes juridiques

---

[124] *Dignitatis humanae*, n. 4.

[125] Cf. *Codice di diritto canonico commentato* (a cura della Redazione di Quaderni di diritto ecclesiale), 1024.

ecclésiastiques peuvent instituer des fondations, dont les activités, quant à leurs effets civils, seront soumises aux normes légales congolaises. Autrement dit, en érigeant ces fondations conformément aux normes canoniques, leur enregistrement et leurs activités devraient se conformer aux normes civiles à cause de leurs effets civils qui ne sont pas prévus par les normes canoniques.

§4. Le débat sur l'immunité des taxes et impôts sur des biens ecclésiastiques a souvent été houleux. Il y en a qui soutiennent que les personnes juridiques ecclésiastiques doivent bénéficier de l'immunité sur leurs biens de la part du pouvoir civil du fait que ces biens sont soustraits de la juridiction du pouvoir civil. Dans cette logique, le pouvoir civil ne peut pas imposer des taxes ou des impôts sur le patrimoine ecclésiastique. D'autres, par contre, affirment que ne peuvent bénéficier de cette immunité que des biens destinés au culte divin et non ceux par lesquels l'Église vit ou poursuit ses fins institutionnelles. Ces biens devraient donc être sujets à la fiscalité comme des biens de tous les privés et d'autres personnes juridiques publiques à caractère public civil. D'autres encore estiment qu'il est indispensable que l'État et l'Église catholique se mettent d'accord sur cette matière d'immunité, vu la contribution de l'Église catholique dans la recherche du bien-être personnel et du bien commun partout dans sa mission.[126] A la lumière de cette dernière position, l'État congolais et l'Église catholique se sont accordés que les ecclésiastiques, leurs biens et les biens des personnes juridiques ecclésiastiques soient imposables au même titre que les personnes et les biens des citoyens de la RDC. En d'autres termes, même si des personnes juridiques publiques ecclésiastiques opèrent au nom de l'Église et participent à son droit inné d'acquérir, de retenir, d'administrer et d'aliéner les biens en vue de la mission de

---

[126] Cf. V. DE PAOLIS, *I beni temporali della Chiesa*, 107-109.

l'Église sur terre, il a été fixé que les ecclésiastiques, leurs biens et les biens des personnes juridiques ecclésiastiques soient imposables au même titre que les personnes et les biens des citoyens de la RDC. Ici, les effets civils obligent que les impôts soient perçus non pas selon les normes canoniques mais plutôt selon la législation congolaise qui concerne tous les citoyens.

§5. Par ailleurs, parmi les biens qui doivent être imposables, il y en a qui font exception : les lieux et les édifices consacrés au culte divin, les séminaires ecclésiastiques, les maisons de formation des religieux et des religieuses, les biens et les titres dont les revenus sont destinés aux besoins du culte et aux programmes culturels et sociaux et ne constituent pas des revenus personnels pour leurs bénéficiaires.[127] Il est donc fondamental que les autorités civiles en charge d'impôts ou de taxes s'imprègnent de cette disposition pour ne pas continuer à tracasser ces personnes juridiques publiques ecclésiastiques exemptées de tout ce qui concerne les impôts. En même temps, les autorités ecclésiastiques devraient se souvenir des mêmes dispositions pour ne pas se laisser prendre par l'ignorance de certains agents de l'État. On comprend pourquoi la connaissance de cet Accord-cadre ne vaut pas seulement pour le personnel ecclésiastique mais aussi pour les agents de l'État.

---

[127] Cf. L. SEREE DE ROCH, *Administration & fiscalité des biens de l'Église*, Éditions Artège, Paris 2012, 139. Cet auteur est pertinent dans la mesure où il reconnait d'une part, le régime fiscal spécial de l'Église, et d'autre part, les dangers auxquels il est exposé : « L'Église bénéficie d'un régime fiscal particulier qui risque sérieusement d'être remis en question dans un contexte politique de recherches et de leurs luttes contre des "niches fiscales" [...]».

3.2.8. Droit de construire des églises et des édifices ecclésiastiques

Article 10

§1. Dans le cadre de la législation civile, l'Église catholique a le droit de construire des églises et des édifices ecclésiastiques, de les agrandir et d'en modifier la configuration, y compris pour les églises et les édifices déjà existants. Par conséquent, l'État congolais s'engage à examiner avec bienveillance la demande des espaces formulée par l'Église catholique pour la construction des lieux de culte lors de la création de nouveaux lotissements.

L'Église catholique exerce des droits réels compatibles avec la législation foncière sur les terres qui sont ses concessions.

§2. Seul l'Évêque diocésain ou la personne à lui canoniquement assimilée peut décider de l'opportunité de construire de nouvelles églises ou de nouveaux édifices ecclésiastiques sur un terrain accordé à cet effet par l'État congolais ou qu'il aura acquis dans le cadre des règlements en vigueur ; dans ce dernier cas, l'Évêque ou la personne à lui canoniquement assimilée informera les Autorités civiles compétentes.

§3. En conséquence, ces mêmes Autorités ne prendront en considération les demandes concernant la construction d'églises qu'après avoir reçu l'accord écrit de l'Évêque du diocèse, ou de la personne à lui canoniquement assimilée, compétent pour le territoire sur lequel est projetée la construction.

§1. Cette disposition commence par une nuance qu'il ne faut pas négliger ici : « Dans le cadre de la législation civile... ». Ceci veut clairement dire que tout ce que l'Église catholique peut entreprendre, même si cela relève de son droit de construire des églises et des édifices ecclésiastiques, elle doit le réaliser dans le cadre/respect de la législation civile au Congo. Il convient de bien comprendre ce cadre juridique dans lequel l'Église est censée opérer en ce qui concerne ses constructions ou ses modifications. En fait, construire des églises et des édifices ecclésiastiques, les agrandir et en modifier la configuration, y compris des églises et des édifices déjà existants relèvent du droit de l'Église. Celle-ci a besoin de toutes ces infrastructures pour la réalisation de sa mission spirituelle (cf. can. 1254). C'est ce qui justifie le droit inné dont jouit l'Église dans l'acquisition, rétention, administration et aliénation des biens temporels. Ce droit inné ne lui est pas concédé par l'État congolais. Dans un diocèse, par exemple, c'est l'Évêque diocésain qui est l'autorité ecclésiastique compétente qui doit donner son consentement écrit pour la construction d'une église. Ce consentement est donné après avoir entendu le conseil presbytéral et les recteurs des églises voisines ; et unanimement, ils estimeront si la nouvelle église peut être utile au bien des âmes et que les moyens nécessaires pour sa construction et pour l'exercice du culte divin ne manqueront pas (cf. can. 1215). En plus, ils sont tous obligés de recourir à l'avis d'experts et observer les principes et règles de la liturgie et de l'art sacré (cf. can. 1216).[128] Cependant, ces initiatives sont censées être prises en respectant la législation civile congolaise en matière foncière ou cadastrale. En d'autres termes, si l'Église a le droit de construire et d'être propriétaire de ses édifices de cultes et autres, ses projets de construction et son droit réel doivent respecter la législation civile en cette matière. Le droit de l'Église est exercé dans le contexte de la législation congolaise.

De son côté, l'État congolais s'engage à faciliter la tâche à l'Église dans l'encouragement de ses efforts de constructions des lieux de culte, en examinant avec

[128] Cf. *Sacrosanctum concilium*, n. 122.

bienveillance la demande des espaces formulée lors de la création de nouveaux lotissements. Une fois qu'une concession est acquise de l'État, c'est l'Église d'office qui exerce pleinement des droits réels, en tant que propriétaire. Seulement, ces droits réels doivent être compatibles avec la législation foncière congolaise sur les terres qui sont ses concessions. C'est pour cette raison que les normes canoniques exigent que les administrateurs des biens ecclésiastiques aient une connaissance des normes civiles. Ceux-ci devront prendre garde particulièrement que l'Église ne subisse pas un dommage à cause de l'inobservance des lois civiles (cf. can. 1284, § 2, 3°).

Dans la compréhension de cette disposition qui prescrit que l'Église catholique jouisse de la liberté de construire ou de modifier des édifices de culte et d'autres édifices ecclésiastiques dans le cadre de la législation civile, on s'est arrêté sur quelques repères historiques pour en découvrir la pertinence. Dans l'histoire de l'Église, dès le départ, les biens ecclésiastiques, considérés tous comme biens des pauvres, bénéficiaient d'office d'une protection particulière. La doctrine ne savait pas distinguer entre biens profanes qui servaient à procurer des ressources à l'Église et biens religieux, précisément utilisés pour la vie religieuse. La protection dont il était question concernait l'ensemble du patrimoine ecclésiastique. Ce dernier était compris comme biens appartenant à Dieu mais utilisés pour les pauvres qui méritent protection et un statut privilégié. Au-delà de ce manque de distinction dans le contenu du patrimoine ecclésiastique, il y a lieu de signaler que certains lieux ou biens étaient qualifiés de sacrés, pour avoir été objet d'une consécration relevant de la compétence exclusive de l'ordinaire agissant en vertu de son pouvoir d'ordre, du caractère épiscopal. Parmi les lieux sacrés destinés à la célébration de l'office divin ou pour la sépulture on comptait des églises, des cimetières, etc.[129] Toute construction d'église et d'autres lieux sacrés devait être autorisée par l'ordinaire. Une fois construits, ces lieux sacrés jouissaient de l'immunité et de l'inaliénabilité. Les autorités ecclésiastiques et séculières ne cessaient de se mettre d'accord pour rappeler que le respect est dû aux lieux sacrés. Mais lorsque le pouvoir des princes a été renforcé, autour du XVII^{è} siècle, des juristes séculiers ont développé des arguments qui ont permis de renforcer les droits de la puissance publique. Dans un tel contexte, il a été retenu que l'édifice devrait servir à l'usage des populations. Par conséquent, la compétence du prince était légitimée même sur des édifices religieux parce qu'il était vu comme gardien du bien public. Considérée tacitement comme propriétaire de ses biens dans le passé, désormais l'Église rencontrera des difficultés à s'imposer réellement comme propriétaire de son patrimoine.[130] Il a fallu attendre d'abord des concordats entre l'Église et l'État, ensuite la loi de 1905 pour que l'affectation des édifices du culte au service religieux s'impose aux propriétaires par les termes mêmes de la loi.[131]

Conscient de cette difficulté à définir dans le passé la ligne de démarcation entre l'État et l'Église en ce qui concerne les édifices de culte et autres, la législation canonique précise que « l'Église catholique peut, en vertu d'un droit inné, acquérir, retenir, administrer et aliéner des

---

[129] Cf. B. BASDEVANT-GAUDEMET, *Histoire du droit canonique et des institutions de l'Église latine XVe-XXe Siècle*, 394.

[130] *Ibidem*, 399 : « Sans que les normes du droit canonique soient bouleversées à la fin du XVIIIe siècle, en France, le célèbre décret du 2 novembre 1789 dispose dans son article 1 : Tous les biens ecclésiastiques sont à la disposition de la nation, à la charge de pouvoir, d'une manière convenable aux frais du culte, à l'entretien de ses ministres et au soulagement des pauvres sous la surveillance et d'après les instructions des provinces ».

[131] *Ivi*, 400.

biens temporels, indépendamment du pouvoir civil, pour la poursuite des fins qui lui sont propres » (can. 1254, §1). Seulement, tout ceci doit se conformer aux législations civiles des pays où l'Église se trouve implantée. Dans le cas de la RDC, l'État congolais s'est convenu avec l'Église que cette dernière s'emploie à exercer ses droits de constructions des églises et édifices ecclésiastiques conformément à la législation civile congolaise.

§2, Dans cette optique de construction de nouvelles églises ou de nouveaux édifices ecclésiastiques sur un terrain accordé par l'État congolais ou acquis dans le cadre des règlements en vigueur, ce n'est pas le curé d'une paroisse qui doit décider de l'opportunité de construire une église, ni le comité paroissial, encore moins un politicien dans le cadre de sa propagande. C'est de la compétence de l'Évêque diocésain. Il faut peut-être clarifier ces propos. La construction d'une église ou autres édifices ecclésiastiques peut être promue par ceux qui en sont capables : une personne juridique physique, un groupe de fidèles, une communauté, etc. Toutefois, il est nécessaire d'obtenir le consentement écrit de l'Évêque diocésain qui peut même imposer certaines conditions par prudence pastorale avant qu'on en arrive à cette construction. Ces conditions peuvent être : l'obtention du consentement du Conseil presbytéral et des recteurs des églises voisines ; que la nouvelle église serve utilement pour le bien des âmes. La construction d'une église n'a pas une finalité esthétique ou ornementale, mais essentiellement pastorale ; qu'il ne manque pas de moyens nécessaires pour sa construction et pour l'exercice du culte divin (cf. can. 1215, §1-2).[132] Quant aux instituts religieux, même

[132] Cf. *Sacrosanctum concilium*, n. 122. Même si la construction d'une église n'a pas une finalité esthétique, l'art sacré veut que l'on tienne compte de certains paramètres qui contribuent de façon digne et belle à l'éclat du culte, tout en admettant, soit dans les matériaux, soit dans

s'ils ont obtenu le consentement de l'Évêque diocésain pour établir une nouvelle maison dans son diocèse ou dans sa ville, doivent encore obtenir son autorisation avant de construire une église dans un endroit précis et déterminé (cf. can. 1215, §3). De toute évidence, l'Évêque (ou la personne à lui canoniquement assimilée) est prié d'informer les autorités civiles compétentes concernant des terrains que l'Église aura acquis avant d'y construire, et ce, dans le cadre de règlements en vigueur.

§3. Pour ne pas occasionner de l'anarchie dans la coopération entre l'Église et l'État en cette matière, il est exigé à tous ceux qui veulent construire une église d'obtenir d'abord le consentement écrit de l'Évêque diocésain ; ensuite y joindre une demande de construction d'une église pour s'adresser à l'autorité civile compétente. Car, sans le consentement écrit de l'Évêque, du moins selon cet Accord-cadre, les autorités civiles compétentes ne peuvent pas accorder l'autorisation de bâtir une église.

3.2.9. Du libre accès aux moyens de communication

Article 11

§1. La République Démocratique du Congo garantit à l'Église catholique un libre accès aux moyens publics de communication notamment les journaux, les radios, les télévisions et les services informatiques et numériques. Elle lui garantit également le droit de créer et de gérer directement des journaux, revues, radios, télévisions et sites internet, et ce, dans le respect de la loi en la matière et de l'ordre public.

§2. De même, la République Démocratique du Congo reconnait à l'Église catholique la liberté d'organiser toute activité étroitement liée à sa mission spirituelle dans le

---

les formes, soit dans la décoration, les changements introduits au cours des âges par les progrès de la technique.

respect de la loi et de l'ordre public. Elle lui garantit, en particulier, la liberté d'éditer, de publier, de divulguer et de vendre des livres, des journaux, des revues et du matériel audiovisuel, informatique et numérique.

§1. L'Église n'a jamais négligé d'accueillir les merveilleuses découvertes techniques qui permettent à l'homme de communiquer très facilement des nouvelles nécessaires, des idées et même des orientations. En plus de la parole, de l'écrit et de l'image dont peuvent se servir les individus pour communiquer entre eux, il faut noter la nécessité d'autres moyens publics de communication sociale tels que la presse, le cinéma, la radio, la télévision et d'autres techniques de même nature. En recourant à tous ces instruments, l'Église se sent aussi dans le devoir de rappeler leur correct usage pour qu'ils rendent de grands services au genre humain, dans le délassement et dans la culture de l'esprit, à l'extension et à l'affermissement du règne de Dieu.[133]

Si l'Église prend en compte les avantages de la communication, l'État congolais lui garantit le libre accès aux moyens publics de communication notamment les journaux, les radios, les télévisions et les services informatiques et numériques. Cette liberté d'accès à tous ces moyens est aussi prescrite pour tous les congolais dans la législation congolaise. De fait, l'Article 23 de la Constitution congolaise garantit à toute personne le droit à la liberté d'expression. C'est-à-dire toute personne jouit de la liberté d'exprimer ses opinions ou ses convictions. Cela peut se réaliser par la parole, l'écrit et l'image. Seulement, il est exigé que ce droit soit exercé dans le respect de la loi, de l'ordre public et de bonnes mœurs. De même, l'Article 24 de la même Constitution garantit à toute personne le droit à l'information. Ce droit implique de toute évidence la liberté de la presse, la liberté

---

[133] *Inter mirifica*, nn. 1-2.

d'information et d'émission par la radio et la télévision, la presse écrite ou tout autre moyen de communication. Le respect de l'ordre public, de bonnes mœurs et des droits d'autrui doivent être observés malgré ce droit à l'information. Lorsque l'État congolais s'engage à garantir à l'Église catholique ce libre accès aux moyens publics de communication, cela implique aussi sa capacité d'éviter tout ce qui pourrait s'ériger contre cette liberté fondamentale. Celle-ci lui permet d'exercer sa mission d'évangéliser à travers tous ces moyens publics de communications que la technologie met à la disposition de la société moderne aujourd'hui.

En plus du libre accès aux moyens publics de communication, tels les journaux, les radios, les télévisions et les services informatiques et numériques, la RDC admet que l'Église catholique crée et gère directement des journaux, revues, radios, télévisions et sites internet. Cette garantie s'accorde à ce que l'Église détient comme droit inné, indépendamment de tout pouvoir humain, de prêcher l'Évangile à toutes les nations, en utilisant aussi les moyens de communication sociale qui lui soient propres (cf. can. 747, §1). En réalité, l'État congolais accepte de ne pas aller à l'encontre d'un droit inné et propre à l'Église catholique dans sa fonction d'enseigner.

L'autorité publique compétente ne se limite pas à garantir ce droit, mais se soucie en même temps de s'assurer que dans l'usage de ces moyens créés et gérés par l'Église catholique, que la loi en la matière et l'ordre public soient respectés. Sans porter atteinte à la liberté de l'Église, ce garde-fou sert à veiller que l'usage de ces moyens ne crée pas de graves dangers pour la moralité publique et le progrès de la société.[134] En d'autres termes, en prenant des initiatives en ce domaine, l'Église doit

[134] *Ibidem*, nn. 11-12.

préparer ses administrateurs à s'informer sur les lois civiles qui régissent le fonctionnement des moyens de communication sociale au Congo.

§2. La RDC s'engage à reconnaitre la liberté de l'Église catholique dans l'organisation de toute activité qui entre dans l'optique de sa mission spirituelle. L'unique condition est celle de respecter la loi et l'ordre public. En effet, née de l'amour du Père éternel, fondée dans le temps par le Christ rédempteur, rassemblée dans l'Esprit Saint, l'Église poursuit une fin salvifique et eschatologique qui ne peut être pleinement atteinte que dans le siècle à venir.[135] Ceci rejoint la doctrine selon laquelle la mission propre que le Christ a confiée à son Église n'est ni d'ordre politique, ni d'ordre économique ou social : le but qu'il lui a été assigné est d'ordre religieux.[136] Ainsi, tout ce qui fait partie du progrès des sciences, les richesses cachées dans les diverses cultures, qui permettent de mieux connaitre l'homme lui-même et ouvrent de nouvelles voies à la vérité, sont également utiles à l'Église dans la réalisation de sa mission.[137] Quoi de plus normal que l'Église suscite des œuvres destinées au salut des âmes. Toutefois, l'Église est tenue de respecter la loi et d'éviter de perturber l'ordre public. Des livres, des journaux, des revues et du matériel audiovisuel, informatique et numérique font partie des instruments dont l'Église catholique doit librement se servir dans la réalisation de sa mission. Celle-ci prend des précautions pour que tout ce qui concerne l'édition des livres et autres se fasse sous la vigilance de l'autorité compétente (cf. cann. 825-827).

---

[135] Cf. *Gaudium et spes*, n. 40.
[136] *Ibidem*, n. 42.
[137] *Ivi*, n. 44.

3.2.10. Mariage canonique et droit des fidèles catholiques de s'associer

Article 12

En raison de la valeur spirituelle, morale et éducative du mariage canonique, la République Démocratique du Congo lui reconnait une importance particulière dans l'édification de la famille au sein de la Nation.

Le mariage occupe une place de choix dans la Constitution de la RDC. Cette dernière stipule clairement que « tout individu a le droit de se marier avec la personne de son choix, de sexe opposé, et de fonder une famille » (art. 40).[138] Rien que par cette loi, on saisit la valeur que la RDC accorde à la liberté de se marier à la personne de son choix. Et ce mariage doit être non pas de même sexe comme cela est soutenu par plusieurs États aujourd'hui, mais plutôt de sexe opposé en vue de fonder une famille. Le même article poursuit en précisant la responsabilité des pouvoirs publics dans la protection de la famille issue du mariage de sexe opposé : « La famille, cellule de base de la communauté humaine, est organisée de manière à assurer son unité, sa stabilité et sa protection. Elle est placée sous la protection des pouvoirs publics ». Plus que le rôle des pouvoirs publics, on y découvre les vertus indispensables d'une famille, cellule de base de la communauté humaine, que l'État congolais s'engage à protéger. Cet article ne se limite pas là. Il poursuit en relevant que « les soins et l'éducation à donner aux enfants constituent, pour les parents, un droit naturel et un devoir qu'ils exercent sous la surveillance et avec l'aide des pouvoirs publics ». D'une façon très générale, l'État congolais reconnait la valeur du mariage, de la famille qui en découle en tant que cellule de base de la communauté

---

[138] *Constitution de la RDC*, Art. 40.

humaine, et rappelle l'éducation que les parents doivent donner aux enfants. La pertinence de l'éducation en tant que droit naturel et devoir doit être exercée sous la surveillance et avec l'aide des pouvoirs publics.

Conscient qu'« aucune loi humaine ne saurait ôter à l'homme le droit naturel et primordial du mariage, ou limiter d'une façon quelconque ce qui est la fin principale de l'union conjugale établie dès le commencement »,[139] l'État congolais s'accorde à reconnaitre d'une manière spécifique la relevance du mariage canonique en raison de sa valeur spirituelle, morale et éducative qui contribue à l'édification de la famille au sein de la Nation. Ceci est la preuve que le mariage en RDC n'est pas seulement civil mais aussi canonique. Pour le dire mieux, en plus des effets civils qui relèvent de la compétence de l'autorité civile, l'État congolais reconnait les effets religieux canoniques du mariage qui devrait être de la compétence de l'Église catholique dans le cas échéant. Mais dans tous les deux cas, ces effets respectifs sont reconnus grâce à leur importance particulière pour l'édification de la Nation congolaise.[140] Il y a donc là la volonté des pouvoirs publics à collaborer avec l'Église afin de toujours fournir au mariage et à la famille des bases solides.[141] Bien qu'il n'y ait pas encore un mariage concordataire en RDC, la

---

[139] PIE XI, Lettre encycl. *Casti Connubii* (31 décembre 1930), introduction.

[140] Cf. L. CHIAPPETTA, *Il matrimonio nella nuova legislazione canonica e concordataria*, Edizione Dehoniane, Roma 1990, 15. On distingue le mariage civil du mariage religieux canonique. Le mariage civil est celui contracté par la forme prescrite par l'État. C'est le mariage légitime même si les mariés ne sont pas baptisés. Par ailleurs, le mariage religieux est celui qui est célébré dans la forme canonique prescrite dans l'Église.

[141] Cf. S. BELLIA, *Chiesa e Stato nel pensiero di Luigi STURZO*, 71 : « La famiglia, il primo nucleo sociale, ci si presenta con una certa forma religiosa sociale[...]».

coopération en matière matrimoniale met en exergue les responsabilités respectives de l'Église et de l'État, chacun dans sa compétence exclusive.

Quand l'Église considère le mariage, il l'aborde en ces termes : « L'alliance matrimoniale, par laquelle un homme et une femme constituent entre eux une communauté de toute la vie, ordonnée par son caractère naturel au bien des conjoints ainsi qu'à la génération et à l'éducation des enfants, a été élevée entre baptisés par le Christ Seigneur à la dignité de sacrement ». La même norme canonique poursuit en ajoutant que « C'est pourquoi, entre baptisés, il ne peut exister le contrat matrimonial valide qui ne soit, par le fait même, un sacrement » (can. 1055). Sans vouloir commenter cette norme qui semble pourtant claire, on s'arrête sur des éléments nécessaires pour en saisir le sens. En reconnaissant que le mariage est ordonné vers les fins naturelles, telles que le bien des conjoints, la procréation et l'éducation des enfants, il est légitime que l'on soutienne que le mariage engage la masculinité et la féminité. C'est un caractère naturel de l'union. Cet aspect se perçoit mieux quand on se souvient qu'on ne peut pas séparer le mariage de la famille : « le mariage et la famille sont inséparables, parce que la masculinité et la féminité des personnes mariées sont, de par leur constitution, ouvertes au don des enfants », affirme Jean-Paul II.[142] Et cette communion profonde, totale de vie et d'amour que forme le couple a été fondée et dotée de ses lois propres par le Créateur. Puis, elle est établie sur l'alliance des conjoints.[143] En plus, on note que le mariage canonique n'est pas seulement un contrat mais aussi un sacrement. On ne peut donc pas séparer le contrat du sacrement dans le mariage canonique. Le contrat a été élevé à la dignité du sacrement, sans pour autant disparaitre par les effets

---

142 JEAN-PAUL II, *Allocution à la Rote romaine*, 01 février 2001.
143 Cf. *Gaudium et spes*, n. 48.

sacramentaires. Par conséquent, entre les baptisés, le contrat et le sacrement sont inséparables. Dans ce cas, il n'y a pas de contrat matrimonial qui ne soit pas sacrement, ou un sacrement matrimonial qui ne soit pas un contrat. L'identité entre les deux est parfaite.[144]

La part de responsabilité de l'État congolais ne se limiterait pas seulement à reconnaitre la valeur spirituelle, morale et éducative du mariage canonique ou son importance particulière dans l'édification de la famille au sein de la Nation. Il lui incombe, en effet, de promulguer et de faire observer des lois justes et appropriées pour sauvegarder ces valeurs matrimoniales et familiales menacées par de fausses doctrines modernes contre le mariage et la famille. L'histoire a montré que le salut de l'État et la félicité temporelle des citoyens sont précaires et ne peuvent rester saufs là où on ébranle le fondement sur lequel ils sont établis, c'est-à-dire le bon ordre des mœurs ou là où les vices des citoyens obstruent la source où la Cité puise sa vie, à savoir le mariage et la famille.[145] Plus que cet aspect législatif en matière matrimoniale, on exhorte l'État congolais à y associer l'autorité religieuse au Congo. Car, celle-ci peut répandre dans l'esprit la lumière de la vérité, qui dirige la volonté et qui est en mesure de fortifier l'humaine fragilité par le secours de la grâce divine. A ce stade, les rapports de concorde et d'amitié entre l'État et l'Église du Christ contribueront à écarter des dommages qui dérèglent des mœurs et qui s'attaquent à la famille et au mariage :

> Les lois de l'État peuvent seconder beaucoup l'Église en cette tâche très importante, si dans leurs prescriptions, elles tiennent compte de ce que la loi divine et ecclésiastique a établi, et si elles punissent ceux qui y contreviennent[...] L'État italien, voulant restituer à l'institution du mariage, qui est la

[144] Cf. L. CHIAPPETTA (a cura di), *Il Codice di diritto canonico*, 168.
[145] PIE XI, Lettre encycl. *Casti Connubii.*, n. III (31 décembre 1930).

base de la famille, une dignité conforme aux traditions de son peuple, attache les effets civils au sacrement de mariage célébré conformément au droit canonique.[146]

Ne serait-il pas là un *modus facendi* à imiter ? Que l'Église procède par voie diplomatique afin de négocier la possibilité d'attacher les effets civils au sacrement de mariage célébré conformément au droit canonique au Congo. À coup sûr, c'est une autre matière d'intérêt commun sur laquelle les deux signataires du présent Accord-cadre peuvent discuter pour témoigner de leur saine coopération pour le bien de la personne humaine.

Article 13

La République Démocratique du Congo reconnait et protège le droit des fidèles catholiques de s'associer selon les normes du droit canonique pour réaliser toutes les activités spécifiques de la mission de l'Église. Ces associations, en raison de leur caractère d'intérêt général, pourront toutefois bénéficier, en ce qui concerne certains aspects de leurs statuts et de leur capacité juridique, de dispositions particulières à préciser dans un Accord spécifique à signer entre la Conférence Épiscopale Nationale du Congo, dûment mandatée par le Saint-Siège, et le Gouvernement congolais.

Le droit de s'associer est une autre matière d'intérêt commun sur laquelle l'État congolais accepte de dialoguer avec l'Église catholique. Les deux parties contractantes indépendantes, souveraines et autonomes sont conscientes de la relevance de ce droit et l'ont inséré dans leurs systèmes juridiques respectifs. De fait, la Constitution de la RDC garantit la liberté d'association à tout citoyen congolais. L'art. 37 de la Constitution le récite clairement en ces termes :

---

146 *Ibidem.*

> L'État garantit la liberté d'association. Les pouvoirs publics collaborent avec les associations qui contribuent au développement social, économique, intellectuel, moral et spirituel des populations et à l'éducation des citoyennes et citoyens. Cette collaboration peut revêtir la forme d'une convention. La loi fixe les modalités d'exercice de cette liberté.

De son côté, l'Église catholique admet que les fidèles ont la liberté de constituer des associations par convention privée conclue entre eux pour favoriser une vie plus parfaite, promouvoir le culte public ou la doctrine chrétienne, ou exercer d'autres activités d'apostolat, à savoir des activités d'évangélisation, des œuvres de piété ou de charité, et de l'animation de l'ordre temporel par l'esprit chrétien (cf. cann. 298-299). Il s'agit là d'un véritable droit naturel. Le décret *Presbyterorum ordinis* (PO), n. 8 avait déjà fait écho de ce droit d'associations pour les clercs, étant « dignes d'estime et de vifs encouragements ». De même, la déclaration *Apostolicam actuositatem* (AA), n. 19 relaie le même droit en martelant sur le fait que « le lien nécessaire avec l'autorité ecclésiastique étant assuré, les laïcs ont le droit de fonder des associations, de les diriger et d'adhérer à celles qui existent ».[147]

Dès lors que la Constitution congolaise et les normes canoniques admettent le droit de s'associer, d'une part, pour tous les citoyens, et d'autre part, et plus spécifiquement, pour tous les fidèles catholiques, l'Église

[147] Cf. Commentaires sur le décret *Apostolicam actuositatem*, n. 19 (CONCILIO VATICANO II, Fratelli Fabbri Editori, Milano 1966, 355). C'est une variété assez grande des associations d'apostolat selon les finalités particulières qu'elles se proposent pour que toutes se conforment à l'esprit de l'Église. Les laïcs ont le droit de créer des associations et d'y adhérer en évitant des dispersions inutiles de force.

catholique et l'État congolais s'accordent à ce que les fidèles catholiques jouissent de ce droit de s'associer mais conformément aux normes du droit canonique. C'est donc clair que tout ce qui concerne leur érection, l'approbation de leurs statuts, et les fins qu'elles doivent poursuivre doivent se réaliser selon les normes du droit canonique en vigueur. C'est justement pour leur permettre de réaliser toutes les activités spécifiques de la mission de l'Église. En s'engageant à garantir et à protéger le droit des fidèles catholiques de s'associer selon les normes canoniques, on peut dire que l'État congolais compte sur la mission de l'Église à travers ses associations qui promeuvent la participation des laïcs au développement de la société dans plusieurs domaines de la vie. Autrement dit, l'État congolais se prête à une saine coopération en cette matière d'autant plus que l'Église contribue au développement social, économique, intellectuel, moral et spirituel des populations et à l'éducation des citoyennes et citoyens.

Dans le cadre cette coopération Église-État, conscient de la capacité juridique canonique de toutes ces associations et de leur caractère d'intérêt général, les deux parties contractantes s'accordent afin que celles-ci bénéficient, en ce qui concerne certains aspects de leurs statuts et de leur capacité juridique, de dispositions particulières à préciser dans un Accord spécifique à signer entre la Conférence Épiscopale Nationale du Congo, si seulement si elle est dûment mandatée par le Saint-Siège, et le Gouvernement congolais.[148] Ce rapprochement est une preuve éloquente que les valeurs et matières communes réclament de la part de l'État et de l'Église une

[148] On ne le dira jamais assez, la Conférence Épiscopale Nationale doit être dûment mandatée parce qu'elle ne jouit pas de la même capacité juridique que le Saint-Siège. Ce dernier est sujet de droit international à part entière et peut mandater la CENCO afin de poser un acte juridique tel qu'un accord spécifique avec le gouvernement congolais.

coopération de ce genre qui devrait être dynamique et prudente dans le temps.

3.2.11. D'autres entités ecclésiastiques reconnues

Article 14

§1. La République Démocratique du Congo reconnait à l'Église catholique le droit de créer, de gérer et de diriger des écoles maternelles, primaires et secondaires, universités et facultés, séminaires et tout autre institut de formation. La reconnaissance des titres académiques octroyés par des instituts du niveau Supérieur sera réglée par un Accord spécifique entre les Hautes Parties Contractantes.

§2. Tout en reconnaissant le droit des parents à l'éducation religieuse de leurs enfants, la République Démocratique du Congo garantit l'enseignement de la religion dans les écoles publiques primaires et secondaires, et ce dans le respect de la liberté de pensée, de conscience et de l'ordre public.

§3. Ce même enseignement peut être dispensé dans les universités et les instituts supérieurs de la République Démocratique du Congo, dans le respect des conditions décrites au paragraphe précédent.

§4. S'agissant de l'enseignement de la religion catholique, le programme et les livres de textes seront établis par l'autorité ecclésiastique qui les communiquera à l'Autorité civile compétente.

L'enseignement de la religion sera confié à des enseignants jugés aptes par l'Autorité ecclésiastique. Ces enseignants doivent recevoir le mandat canonique délivré par l'Évêque diocésain ou la personne à lui canoniquement assimilée. La révocation du mandat entraine la perte immédiate du droit d'enseigner la religion catholique.

§5. La République Démocratique du Congo reconnait et garantit aux enseignants de religion la même rémunération que celle assurée aux enseignants des autres matières.

§1. L'éducation est fondamentale pour l'homme.[149] Ainsi, celle-ci préoccupe tant la société civile que religieuse, et ce, au niveau national qu'international. A cet effet, ce domaine devient un autre champ où l'Église catholique et la RDC sont appelées à coopérer pour le bien de l'homme sur toute l'étendue nationale. Il se crée donc une synergie dans laquelle la défense de cette liberté fondamentale est une grave responsabilité de tous. Une véritable application du principe de subsidiarité émerge

---

[149] Cf. *Gravissimum educationis*, n. 1. Ayant constaté l'extrême importance de l'éducation dans la vie de l'homme et son influence toujours croissante sur le développement de la société moderne, la déclaration sur l'éducation chrétienne, un des seize documents du concile Vatican II et d'autres documents officiels font état de cette réalité. Dans cette logique, il est indispensable que l'État congolais prenne toujours conscience de l'impact de l'Église catholique dans l'éducation au Congo et s'ouvre entre les deux une coopération sincère afin que l'État congolais prête réellement main forte à l'Église pour le bien de toute la société : «Tous les hommes de n'importe quelle race, âge ou condition, possèdent, en tant qu'ils jouissent de la dignité de personne, un droit inaliénable à une éducation qui réponde à leur vocation propre, soit conforme à leur tempérament, à la différence des sexes, à la culture et aux traditions nationales, en même temps qu'ouverte aux échanges fraternels avec les autres peuples pour favoriser l'unité véritable et la paix dans le monde. Le but que poursuit la véritable éducation est de former la personne humaine dans la perspective de sa fin la plus haute et du bien des groupes dont l'homme est membre et au service desquels s'exercera son activité d'adulte ». Lire aussi : *Déclaration des droits de l'enfant*, 20 novembre 1959 ; *Protocole additionnel à la convention de sauvegarde des droits de l'homme et des libertés fondamentales*, Paris, 20 mars 1952.

dans la mesure où les parents ont leur part de responsabilité en éduquant leurs enfants en famille. L'État et l'Église s'accordent à les appuyer. Tous ensemble s'engagent pour l'éducation, mais chacun dans la mission qui lui est propre avec la possibilité de collaborer pour la rendre plus efficace.

Fort de la relevance de l'éducation dans la vie de l'homme, conscient des efforts de l'Église à contribuer à l'éducation faisant partie intégrante de sa mission spirituelle (cf. can. 800 CIC/1983), l'État congolais reconnait ou mieux admet le droit de l'Église catholique en ce domaine. Ce droit reconnu consiste à : créer, gérer et diriger des centres d'instruction et d'éducation à tous les niveaux, tels que : écoles maternelles, primaires et secondaires, universités et facultés, séminaires et tout autre institut de formation. « Reconnaitre » de la part de l'État congolais ici veut simplement dire respecter l'exercice de ce droit inné et originaire (fondé sur sa mission divine) de l'Église en matière éducationnelle. L'Église l'a toujours exercé dans l'histoire et l'activité scolaire a toujours été pendant des siècles sa fonction exclusive.[150] En œuvrant pour l'éducation des personnes à travers la création, la gestion et la direction des centres d'instruction et d'éducation à tous les niveaux, l'Église confirme la doctrine selon laquelle l'éducation ne peut en aucun cas être le monopole de l'État. Car, « tout monopole de ce genre est, en effet, opposé aux droits innés de la

---

[150] Cf. L. CHIAPPETTA, *Il Codice di diritto canonico*, 883. Cet auteur atteste que l'organisation des écoles, après la dissolution de l'Empire romain en Occident, fut l'œuvre de l'Église. Celle-ci organisa depuis le 5è siècle des écoles presbytérales ou paroissiales, des écoles épiscopales et cathédrales, des écoles monastiques. De là, surgirent des Instituts religieux qui se dédieront avec soin particulier à l'éducation des enfants et des jeunes. L'un des plus grands éducateurs de la jeunesse fut Saint Jean Bosco (1815-1888), fondateur des Salésiens.

personne humaine, au progrès et à la diffusion de la culture elle-même, à la concorde entre les citoyens, enfin au pluralisme qui est aujourd'hui la règle dans un grand nombre de sociétés ».[151]

Quant aux titres académiques octroyés par des instituts catholiques du niveau Supérieur, la formulation de sa disposition dans cet Accord-cadre reste assez vague et renvoie à un accord spécifique sans toucher au vrai problème. Au lieu de laisser le soin à un accord spécifique, on estime qu'il aurait été mieux de fixer la disposition principale dans l'Accord-cadre et renvoyer son application dans un accord spécifique. On apprécie à juste valeur la façon dont cette matière a été traitée dans l'Accord-cadre entre le Saint-Siège et la République du Cameroun sur le Siège de l'Institut Catholique de Yaoundé. Il y est clairement stipulé ceci : « Les diplômes délivrés par l'Institut Catholique de Yaoundé sont reconnus de plein droit au Cameroun, dans les conditions définies d'un commun accord entre les deux parties ».[152] Il a été clairement dit d'abord que les diplômes sont reconnus de plein droit. Ensuite un renvoi est fait aux conditions définies d'un commun accord entre les deux parties. Dans l'Accord-cadre entre le Saint-Siège et la RDC, on a l'impression que tout est renvoyé à un accord spécifique : « [...] La reconnaissance des titres académiques octroyés par des instituts du niveau Supérieur sera réglée par un Accord spécifique entre les Hautes Parties Contractantes ». Cette formulation fait émerger une manœuvre lente où la bureaucratie peut créer une complexité dans le processus de reconnaissance des titres académiques au lieu d'être une voie accessible au service de cette cause. Sans être un oiseau de mauvais augure, on a peur que le processus de reconnaissance de ces titres

151 *Gravissimum educationis*, n. 6.
152 A. BLASI, *Concordati africani*, 176.

académiques octroyés par des instituts catholiques de niveau supérieur continue à durer pour l'éternité, moyennant quelques pots de vin, la bureaucratie étant particulièrement lourde, indolente et parfois corrompue en RDC.

§2. Dans l'effort d'appliquer à bon escient le principe de subsidiarité, l'État congolais reconnait d'abord le droit premier et inaliénable des parents à l'éducation religieuse de leurs enfants. Ensuite il garantit l'enseignement de la religion dans les écoles publiques primaires et secondaires, et ce, dans le respect de la liberté de pensée, de conscience et de l'ordre public. L'Église catholique jouit de son droit d'organiser le cours de religion même dans les écoles publiques primaires et secondaires. Seulement, elle est tenue de respecter la liberté de pensée, de conscience et l'ordre public pour éviter de créer des confusions sur toute l'étendue nationale. En plus du respect de la compétence de l'Église en matière d'enseignement de la religion qui en appelle au premier rôle des parents, on découvre aisément que l'État congolais respecte le *Pacte international des droits civils et politiques* qui affirme la liberté d'enseignement en matière religieuse qui consiste à respecter la liberté des parents et des tuteurs légaux d'être assurés que leurs enfants reçoivent une éducation religieuse et morale conforme à leurs propres convictions (art. 18 §4).[153] De toute façon, même les normes canoniques prévoient ceci : « Il faut que les parents jouissent d'une véritable liberté dans le choix des écoles ; c'est pourquoi les fidèles doivent veiller à ce que la société civile reconnaisse cette liberté aux parents, et, en

[153] Cf. S. ANGELETTI, *Libertà religiosa e patto internazionale sui diritti civili e politici*, 38-39. On cite ce livre parce qu'on y a découvert le Pacte international des droits civils et politiques très bien commenté.

observant la justice distributive, la garantisse même par des subsides » (can. 797).

A la lumière de ces dispositions de liberté de conscience, de pensée et de l'ordre public, il ne serait donc pas absurde que certains parents, pour des raisons de leur tendance religieuse différente, refusent de soumettre leurs enfants à l'enseignement de la religion. Dès lors qu'il est prévu que tout se fasse en respectant la liberté de conscience, de pensée et de l'ordre public, ces parents prendront peut-être soin de le signaler au préalable aux autorités compétentes de l'école afin que leurs enfants ne soient pas obligés d'être endoctrinés par la religion catholique. En Italie par exemple, par respect de conscience et de pensée, vu qu'il y a des élèves dispensés de l'obligation de suivre le cours de religion, leurs parents sont tenus de le signaler par écrit à l'autorité de l'école dès le début de l'année scolaire.[154]

§3. Les Universités et les instituts supérieurs de la RDC ne font pas exception en ce qui concerne l'enseignement de la religion. L'effort de la part de l'Église catholique est de respecter la liberté de pensée, de conscience et l'ordre public. Même ici, il s'avère indispensable, d'une part, que les enseignants de religion tiennent compte de différentes sensibilités religieuses qui n'accepteraient pas ce cours ; d'autre part, que les étudiants qui ne sont pas intéressés se fassent signaler sans avoir l'audace de proférer des paroles qui peuvent frôler des blasphèmes contre Dieu. Il y a là le souci de la réciprocité dans la liberté de pensée, de conscience et de l'ordre public.

§4. Tout ce qui concerne le programme et les livres de textes pour l'enseignement de la religion catholique dans les écoles, universités et instituts supérieurs relève de la compétence de l'autorité ecclésiastique. Une fois que ces

[154] Cf. L. CHIAPPETTA (a cura di), *Il Codice di diritto canonico*, 886-887.

programmes et manuels seront établis, cette autorité ecclésiastique prendra soin de les communiquer à l'autorité civile compétente. Ici, comme autorité ecclésiastique compétente, on pense à la Conférence des Évêque sur toute l'étendue nationale ; et à l'Évêque diocésain dans son diocèse. C'est à eux que l'enseignement et l'éducation religieuse catholique donnés en toute école, ou transmis par de divers instruments de communication sociale sont soumis. Il appartient à la Conférence des Évêques d'édicter des règles générales concernant ce champ d'action, et à l'Évêque diocésain de l'organiser et de veiller sur lui (cf. can. 804). Lorsque tout a été fait, ces autorités ecclésiastiques sont priées de communiquer ces instruments, livres de textes et autres à l'autorité civile congolaise en la matière. C'est pour rester dans la logique de la saine coopération entre l'Église catholique et l'État congolais en matière d'éducation. De même, c'est pour éviter que l'État impose à l'Église certains manuels de religion, avec le risque que ceux-ci véhiculent certaines théories contraires à la doctrine catholique.

Quant aux enseignants de la religion, l'État congolais admet que l'autorité ecclésiastique veille à ce que ceux qui sont affectés dans les écoles soient jugés aptes, c'est-à-dire qu'ils se distinguent par la rectitude de la doctrine, le témoignage d'une vie chrétienne et leur compétence pédagogique. Pour être sûr de l'aptitude de ces enseignants de religion, l'État congolais les oblige à obtenir le mandat canonique délivré par l'Évêque diocésain ou par une personne à lui canoniquement assimilée. Si ce mandat est révoqué par l'Évêque, l'enseignant perd immédiatement le droit d'enseigner la religion catholique. Cette disposition rejoint la norme du can. 805 qui prévoit ceci : « l'Ordinaire du lieu a le droit pour son diocèse de nommer ou d'approuver les maitres qui enseignent la religion, et de même, si une raison de religion ou de mœurs le requiert, de les révoquer ou d'exiger leur révocation ». Pour que cette révocation ait des effets civils, l'Ordinaire devrait le notifier à l'autorité civile compétente (cf. cann. 804, §2 ; 805).

§5. Si l'État accepte de collaborer en matière d'éducation avec l'Église catholique, il reconnait et garantit des subsides pour assurer la paie des enseignants de façon générale, et ceux du cours de religion d'une manière particulière. Il est question de la même rémunération aussi bien des enseignants de religion que d'autres matières.

Au demeurant, il revient aux autorités ecclésiastiques au Congo de prendre au sérieux l'organisation de l'enseignement de la religion dans les écoles publiques primaires et secondaires, dans les universités et les instituts supérieurs. L'Église doit prendre conscience que l'heure n'est plus à la négligence de cette matière en la reléguant au second plan dans le programme des cours. L'heure n'est plus aux aménagements qui admettent que n'importe qui enseigne la religion à cause du manque de professeurs qualifiés. Vu la responsabilité de l'Église en ce qui concerne l'enseignement de la religion, entendu que cela fait partie de sa mission spirituelle, ne faudrait-il pas que ceux qui seront admis pour enseigner la religion aient au moins un graduat en sciences religieuses ou en théologie ? N'est-il pas temps d'encourager l'organisation d'un institut des sciences religieuses uniquement pour préparer des enseignants de la religion pour toute l'étendue nationale ?

Article 15

Conformément aux Articles 2 et 3 du présent Accord-cadre, l'Église catholique peut créer librement des services pour exercer des activités de bienfaisance et d'assistance sociale liées à sa mission spirituelle et caritative, à travers ses propres organisations sanitaires et d'assistance sociale.

La mission de l'Église s'accomplit au cœur du monde. Ainsi, les biens créés sont nécessaires au progrès personnel de l'homme. Ceux-ci contribuent à la réalisation de la mission de l'Église. Cependant, se servir de ces biens ne doit pas devenir une activité lucrative, à la recherche effrénée des intérêts qui peuvent soumettre l'Église à plusieurs tentations. Les revenus qui en proviennent doivent servir pour la réalisation de la mission spirituelle de l'Église, principalement pour organiser le culte public, procurer l'honnête subsistance du clergé et d'autres ministres, accomplir les œuvres de l'apostolat sacré et de charité, surtout envers les pauvres (cf. PO, n.17 ; can. 1254, §2). C'est une preuve que lorsque l'Église catholique acquiert ou administre les biens temporels, c'est pour la poursuite des fins qui lui sont propres. C'est dans cette optique que celle-ci organise des services pour la charité et laisse la latitude aux associations des laïcs et à toute autre initiative qui entre dans cette mission à faire autant pour la bienfaisance et l'assistance sociale.

Dans la lignée de cette doctrine, la contribution de l'Église catholique dans l'organisation sanitaire et d'assistance sociale au Congo est très louable.[155] Ne pas

---

[155] Cf. R. SANTORO – G. FUSCO, *Diritto canonico e rapporto Stato-Chiesa in tempo di pandemia*, Editoriale Scientifica, Napoli 2020, 49. L'auteur partage l'expérience de l'assistance sociale de l'Eglise en Italie même pendant la première vague de la pandémie au monde. Ceci renforce notre conviction selon laquelle l'Etat ne peut pas ne pas coopérer avec l'Eglise qui parfois rend plus de service de qualité que l'Etat : « Durante la gestione emergenziale della fase I, sia pure in presenza di una momemntanea eclisi del principio di bilateralità pattizia, la Chiesa cattolica non ha fatto mancare il suo importante contributo non solo per arginare la diffusione del virus ma anche per promuovere con maggiore forza la solidarietà e il sostegno alle

reconnaitre tout ce que l'Église produit en ces domaines serait carrément ignorer la présence opérative de l'Église catholique sur toute l'étendue nationale et dans tous les domaines confondus. Partout où l'Eglise catholique a implanté ses diocèses, il n'est pas difficile de constater qu'elle y a en même temps installé des structures de bienfaisance et d'assistance sociale. A ce propos, on peut citer des hôpitaux, des dispensaires, des orphelinats, des homes des vieillards, des écoles et centres des personnes handicapées, etc. Et la Caritas nationale œuvre pour mettre sur pieds des dispositions aptes à faciliter la tâche à cette mission spirituelle et caritative de l'Église au Congo. On se réjouit donc qu'il y ait, une fois de plus, l'élan de coopération entre Église catholique et l'État congolais afin de concrétiser cette volonté d'aider les personnes en ce domaine aussi sensible.

Ce que l'on attend de l'État congolais n'est pas seulement d'accorder que l'Église catholique crée librement des services pour exercer des activités de bienfaisance et d'assistance sociale, mais aussi de continuer d'assurer des subventions ou d'assurer à ces centres et services des financements sur les fonds publics autant qu'il le ferait pour des services de l'État. Ainsi, ce serait une manière concrète de reconnaitre les efforts de l'Église catholique au Congo qui s'évertue à se dépenser à travers des œuvres de charité et de miséricorde comme étant un excellent témoignage dans sa mission. C'est une

---

persone in stato di bisogno attraverso il dispiegamento di tutte le sue strutture operative, nella cui prima inea troviamo Parrochie, Caritas e le altre articolazioni istituzionali o associative attraverso le quali la solidarietà è stata tramutata in azioni concrete di aiuto al prossimo. La sinergica collaborazione della Chiesa cattolica, anche in questa tempesta che ha coinvolto l'intera umanità, costituisce una proiezione diretta degli insegnamenti promossi dal Concilio Vaticano II, il quale ha sollecitato il rafforzamento della collaborazione con la comunità politica».

manière pour l'Église de partager les souffrances de l'homme et de pourvoir avec générosité à ses besoins.[156]

Article 16

§1. Les Autorités compétentes de la République Démocratique du Congo et la Conférence Episcopale Nationale du Congo fixeront d'un commun accord la nature, la forme, la portée et les modalités de l'aide de l'État congolais à l'Église catholique pour les services rendus à la Nation dans les domaines de la santé, de l'assistance sociale et médicale, de l'éducation et du développement, sans qu'ils subissent de discrimination par rapport au respect attaché à la doctrine de l'Église.

§2. La République Démocratique du Congo s'engage à accorder à l'Église catholique des facilités, notamment en matière fiscale et douanière, considérant qu'elle contribue au bien commun. Cette matière sera traitée par un Accord spécifique conclu entre la Conférence Épiscopale Nationale du Congo, dûment mandatée par le Saint-Siège, et les Autorités civiles compétentes.

§1. A la lumière des premiers articles de cet Accord-cadre, pour ne pas les laisser dans les généralités très générales qui peuvent ressembler aux beaux textes mais théoriques et sans ancrage dans les réalités concrètes du peuple congolais, cet article en arrive à des pistes très pragmatiques. En fait, si l'État congolais accorde que l'Église catholique crée librement des services de tout genre pour le bien du peuple, celui-ci devrait l'encourager non seulement par des législations appropriées mais aussi par des dispositions concrètes pour faciliter ces œuvres caritatives.[157] Ainsi, il est prévu que les autorités

---

[156] Cf. *Gaudium et spes*, n. 31.

[157] Cf. P. PAROLIN, *Discours lors de sa visite officielle en RDC à l'occasion de la signature des cinq Accords spécifiques entre la*

compétentes de la RDC et la Conférence Episcopale Nationale du Congo, dûment mandatée par le Saint-Siège, fixent d'un commun accord la nature, la forme, la portée et les modalités de l'aide de l'État congolais à l'Église catholique pour les services rendus à la Nation dans les domaines de la santé, de l'assistance sociale et médicale, de l'éducation et du développement, sans qu'ils subissent de discrimination par rapport au respect attaché à la doctrine de l'Église. Il ne s'agit pas là de signer des accords spécifiques qui resteraient lettre morte, à la merci des humeurs des politiques d'un gouvernement ou d'un autre. Ce ne sont pas des œuvres qui entrent dans le cadre de la propagande du parti politique au pouvoir. Il est question de s'accorder pour des modalités de subventionner l'Église, et ce, en reconnaissance de tout ce qu'elle réalise pour le développement de la société congolaise. On ne peut pas penser ici qu'aider l'Église dans la réalisation de sa mission spirituelle et caritative serait la museler pour qu'elle se détourne de sa mission prophétique, pour ne plus dénoncer des cas d'injustices et d'inégalités sur toute l'étendue nationale. L'État congolais ne peut pas prétendre offrir des cadeaux à l'Église en l'obligeant à édulcorer sa doctrine, et par conséquent, à se lancer dans le culte des autorités civiles. Il faut nécessairement faire la part des choses. Ces subventions

---

CENCO et le gouvernement, 2 juillet 2022 : « L'Église catholique ne demande pas de privilèges à l'exclusion des autres confessions ou des associations présentes sur le territoire de la République. Elle ne demande qu'à être reconnue dans son identité propre et à s'accorder avec les Autorités étatiques sur l'aide publique qui lui permet de remplir sa mission. Elle pourra ainsi continuer à assurer – et même à développer – les soutiens et les services, par ailleurs déjà substantiels, qu'elle offre à la population, et ce, non seulement dans le domaine cultuel, mais également social et culturel. Pour ne citer que deux de ces domaines : environ 40% des services de santé et des milliers d'écoles, maternelles, primaires et secondaires […] ».

relèvent du devoir de l'État de les pourvoir et du droit de l'Église catholique de les recevoir. Les deux s'engagent donc pour une cause commune : le bien de la personne humaine au Congo. Ce n'est nullement une faveur que l'État congolais accorderait à l'Église catholique.

§2. Ici, il s'agit d'une promesse à attendre du côté de l'État pour faciliter la tâche à l'Église en certaines matières, entendu que l'Église contribue dans une large mesure au bien-être du peuple congolais, qui est en réalité un bien commun. Il s'agit des facilités en matière fiscale et douanière. En prévoyant de le traiter dans un accord spécifique entre la Conférence Épiscopale Nationale du Congo, dûment mandatée par le Saint-Siège, et les Autorités civiles compétentes, on attend aussi que les mêmes autorités concernées vulgarisent ces dispositions spéciales tant attendues. Car, l'expérience a révélé que plusieurs agents des services publics ignorent tellement des textes de référence qui régissent les rapports Église-État qu'ils compliquent sans vergogne la tâche aux services ecclésiastiques. A notre connaissance, il existe déjà un accord spécifique sur des facilités fiscales et douanières entre la RDC, représentée par Monsieur Nicolas Kazadi Kadima-Nzunji, Ministre des Finances, dûment mandaté, et la Conférence Épiscopale Nationale du Congo, CENCO en sigle, dûment mandatée par le Saint-Siège, représentée par son Président, Monseigneur Marcel Utembi Tapa.[158] Il a été signé par les deux parties le 2 juillet 2022 et entré en vigueur en date de sa signature. Il reste que les deux parties s'imprègnent de son contenu

[158] L'expression "dûment mandatée" appliquée à la Conférence Episcopale Nationale du Congo rappelle que celle-ci n'a pas la même capacité juridique du Saint-Siège pour signer des accords avec des États. Mais en cas de nécessité, le Saint-Siège, sujet du droit international, peut la mandater pour signer certains accords spécifiques avec un Etat.

et de sa nature afin d'éviter tout ce qui peut mettre en mal la coopération Église-État en RDC.

Ayant commenté les dispositions de cet article qui prévoient que les autorités compétentes de la RDC et la CENCO fixent d'un commun accord la nature, la forme, la portée et les modalités de l'aide de l'État congolais à l'Église catholique pour les services rendus à la Nation, on doit avouer que le gouvernement congolais a effectivement lancé un programme de subventions de tous les diocèses de la RDC pour la construction d'écoles, d'hôpitaux, de centres de santés, etc. De ce fait, si l'État congolais subventionne l'Église, alors cette dernière doit renforcer ce rapport de confiance à travers la transparence dans la gestion des fonds reçus. Un moindre soupçon de détournement ou de négligence en cette matière risquerait de jeter un discrédit sur toute l'Église.

Que l'Église catholique ne l'oublie pas : En s'engageant à respecter, avec honnêteté et responsabilité, les engagements pris par cet Accord-cadre, elle se souviendra aussi d'être vigilante sur d'éventuels abus tant sur le plan économique qu'administratif de la part de ses propres membres.[159]

Article 17

La République Démocratique du Congo accordera une attention particulière aux demandes documentées de rétrocession des biens patrimoniaux appartenant à l'Église catholique expropriés à partir de 1974.

A cet effet une commission mixte sera créée entre la Conférence Épiscopale Nationale du Congo, dûment mandatée par le Saint-Siège, et les Autorités civiles

---

[159] Cf. P. PAROLIN, *Discours au palais du gouvernement à l'occasion de la visite officielle lors de la signature des cinq accords spécifiques entre la CENCO et le Gouvernement congolais*, 2 juillet 2022.

compétentes pour examiner cette question, en vue de trouver une réponse acceptable au mieux des intérêts des deux Parties.

Pour comprendre la portée juridique de cette disposition, il vaut mieux se souvenir de la limite de temps prescrit[160] pour exercer le droit de demander la rétrocession des biens patrimoniaux de la part de l'Église. En fixant l'année 1974, sûrement les parties contractantes de cet Accord-cadre se sont accordées sur un repère dans le temps qui arrange les deux. Pour aller dans les détails, c'est l'Église à travers ses services qui doit introduire les demandes de rétrocession. Celles-ci doivent être documentées. Il ne suffit pas d'écrire en réclamant un droit patrimonial réel, mais il faut réunir des documents, des titres de propriétés et autres qui peuvent prouver à l'autorité civile qu'effectivement dans le passé, l'Église a joui du droit de propriété qui lui a été privé par l'État. En plus, il n'est pas question d'introduire une demande documentée pour réclamer des biens expropriés avant l'année 1974. Il s'agit de l'acte de l'expropriation qui a eu lieu non pas avant 1974 mais à partir de 1974. Ce n'est qu'à partir de ce repère temporel prescrit que l'Église catholique peut réclamer ses biens.

Même si cette disposition peut paraitre chimérique, considérant le contexte politique congolais, l'Église catholique et l'État congolais s'engagent à mettre en place une commission mixte afin d'examiner cette question. Le souci est donc d'en arriver à une réponse acceptable au mieux des intérêts des deux. On garde à l'esprit le fait que

---

160 Cf. L. CHIAPPETTA, *Il Codice di diritto canonico*, 257-260. L'institution juridique de la prescription remonte au droit romain. Elle a été fondée pour des raisons sociales afin de protéger les droits des personnes et éviter des conflits. Ainsi, elle a été retenue dans toutes les législations civiles. Dans la même logique, elle a été intégrée dans la législation canonique avec une discipline sévère à cause des problèmes d'ordre moral (cf. cann. 197-199).

certains biens patrimoniaux qui ont été expropriés à l'Église ne sont plus restés biens de l'État mais sont passés aux individus comme propriétaires. Concrètement parlant, il s'avère difficile de les retrouver, surtout si ces individus propriétaires sont à la fois juge et partie en cette matière. Tout en respectant le contenu de cette disposition malgré sa fragilité, on se pose en même temps la question sur les conditions de possibilité de son applicabilité.

Article 18

§1. La République Démocratique du Congo reconnait et garantit à l'Église catholique le droit d'exercer ses responsabilités pastorales envers les fidèles engagés dans les Forces Armées de la République Démocratique du Congo et dans la Police Nationale Congolaise, ainsi qu'envers ceux qui travaillent ou séjournent dans les établissements pénitentiaires et hospitaliers, comme dans des instituts d'assistance médicale, scolaire, de nature publique ou privée.

§2. Les activités pastorales exercées dans les institutions publiques évoquées au §1, feront l'objet d'Accords spécifiques selon la matière à régler, entre les Hautes Parties Contractantes ou bien entre la Conférence Épiscopale Nationale du Congo dûment mandatée par le Saint-Siège, et l'État congolais.

§1. Le besoin spirituel ou religieux fait partie de l'être humain. Il est nécessaire que ce dernier soit accompagné d'une manière permanente du point de vue spirituel pour son bien-être.[161] L'État congolais en est conscient. Au nom de la liberté religieuse, celui-ci accorde que les citoyens congolais soient accompagnés spirituellement et

[161] Cf. CENTRE SUISSE ISLAM ET SOCIETE, *L'aumônerie dans les institutions publiques. Positionnements institutionnels, collaborations interreligieuses et enjeux de la profession*, Université de Fribourg, Fribourg 2021, 2.

religieusement dans les différentes situations de vie et de travail, en l'occurrence dans les Forces Armées, dans la Police Nationale, dans les établissements pénitentiaires, hospitaliers et scolaires. Parce que l'Église catholique a toujours organisé sa mission aussi bien du point de vue territorial que personnel, tous ces domaines susmentionnés font aussi partie de son champs pastoral dont elle prend soin. Ainsi, l'État congolais reconnait et garantit à l'Église catholique le droit d'exercer ses responsabilités pastorales envers ses fidèles dont il est question dans ces structures. Cet accompagnement spirituel entre dans la coopération entre l'État congolais et l'Église. Il ne suffit pas que l'État congolais reconnaisse et garantisse le libre exercice de la mission spirituelle de l'Église dans ces structures. Encore faut-il qu'il promeuve cette mission, on l'a déjà relevé, à travers des normes opportunes et des subventions pour lui faciliter la tâche. L'Église catholique développe cette mission à travers des aumôneries. Cette reconnaissance et cette garantie de la part de l'État congolais seraient une opportunité afin que celui-ci en arrive à encadrer juridiquement et à soutenir financièrement cette pastorale qui contribue au bien commun sur toute l'étendue nationale. La présente disposition parle des responsabilités pastorales de l'Église, en laissant la latitude à celle-ci de l'organiser dans l'optique de sa mission spirituelle.

§2. Plus concrètement, la RDC et l'Église catholique s'accordent à régler spécifiquement cette coopération axée sur des aumôneries pour le bien commun et de la personne humaine. Ainsi donc, des Accords spécifiques en la matière ont été signés.

Même si ce genre de renvoi aux accords spécifiques peut tourner au désavantage de l'Église,[162] il reste que les

[162] On parle de désavantage de la part de l'Église dans la mesure où l'État peut bien promettre de garantir à l'Église le droit d'exercer ses responsabilités pastorales envers toutes ces personnes concernées.

deux parties contractantes les vulgarisent et les appliquent sur terrain avec honnêteté et responsabilité.

3.2.12. Problèmes interprétatifs, solutions et résolutions

Article 19

§1. Pour toutes les matières ne relevant pas du présent Accord-cadre, les relations entre l'Église catholique et l'État congolais sont régies par les lois de la République Démocratique du Congo.

§2. La Conférence Épiscopale Nationale du Congo et l'État congolais collaboreront, par des contacts réguliers, dans les matières d'intérêt commun et pour la clarification des questions relatives à leurs rapports réciproques, en particulier en ce qui concerne les activités des entités de l'Église catholique. Afin de promouvoir cette collaboration, la Conférence Épiscopale Nationale du Congo nommera une personne qui assurera une information réciproque.

§1. Dès le préambule de cet Accord-cadre, il a été attesté que le cadre juridique des relations entre l'Église et État congolais a comme fondement d'une part, les documents du Concile Œcuménique Vatican II et les normes du droit canonique pour le Saint-Siège ; d'autre part, les normes constitutionnelles en vigueur en RDC pour l'État congolais. Mais en dehors de cet Accord-cadre, précise la présente disposition, c'est-à-dire pour toutes les matières ne relevant pas du présent Accord-cadre, les relations entre l'Église catholique et l'État congolais

---

Mais par la suite, l'Église rencontre parfois des obstructions de la part de certains agents de l'État qui sont là à défendre leurs intérêts politiques égoïstes au détriment des agents pastoraux et des personnes qui attendent ces services. Ainsi, toujours renvoyer ce genre de matières à des accords spécifiques peut créer des manœuvres dilatoires qui ralentissent la mise en application de ces dispositions qui risqueraient de rester au tiroir.

devraient se référer non plus aux normes canoniques mais seulement aux lois de la RDC.[163] Cette disposition est nécessaire pour délimiter juridiquement le cadre qui régit ces relations. Cela insinue que le présent Accord-cadre n'encadre pas juridiquement toutes les matières d'intérêt commun entre l'Église et l'État congolais. Pour ce, tout ce qui n'y figure pas doit être encadré juridiquement pas les lois de la RDC. Cette façon de formuler conduit à comprendre qu'à part la Constitution qui est la première source normative, il existe d'autres sources normatives qui régissent le fonctionnement de l'État congolais. Ainsi donc, les lois de la République Démocratique du Congo restent une référence de base en tant que droit commun qui concerne tous les citoyens et toutes les confessions religieuses en RDC. Toutefois, on ne perdra pas de vue que l'Église ne renonce jamais à ses principes directeurs même lorsqu'elle doit entretenir des relations encadrées juridiquement par les lois congolaises.

§2. Pour ne pas limiter la coopération entre l'Église catholique et l'État congolais seulement à des matières d'intérêt commun épinglées dans cet Accord-cadre, les deux parties contractantes expriment le désir de continuer la collaboration par des contacts réguliers. Cette disposition est très importante. Premièrement, pour clarifier des questions relatives à leurs rapports réciproques. Sûrement, un tel Accord-cadre ne manquera

---

[163] Cf. *Gaudium et spes*, n. 1. Quand on parle des lois de la RDC, on fait directement allusion au droit commun qui régit la vie de tous les citoyens congolais, y compris des membres de l'Église catholique. Celle-ci étant dans le monde sans être sans se laisser embrigader par l'esprit du monde, est censée se conformer aux lois civiles de la société où elle se trouve implantée. Ainsi, *Gaudium et spes* reconnait que « la communauté des chrétiens se reconnait donc réellement et intimement solidaire du genre humain et de son histoire ». Lire aussi M. FABRE-MAGNAN, *Introduction au droit*, 6. L'allusion ici est faite au droit commun applicable à tous les citoyens.

pas des zones d'ombres que le Saint-Siège et l'État congolais doivent toujours expliciter en vue de sauvegarder leurs rapports, surtout en ce qui concerne les activités des entités de l'Église catholique. Deuxièmement, celle-ci permettra aux parties contractantes de ne pas se lasser d'envisager d'autres perspectives de coopération ou d'autres matières d'intérêt commun qui nécessiteront d'autres Accords au Congo. Le fait de signer cet Accord-cadre ne serait pas un point d'arrivée mais un bon départ de rapprochement entre l'Église et l'État pour que les deux pensent constamment au bien de la personne humaine et au bien commun. Une meilleure façon d'éviter des conflits d'interprétations sur les responsabilités de l'État congolais vis-à-vis des activités de l'Église catholique serait de continuer à discuter et à dissiper tout malentendu qui ferait surface. Dans l'effort d'une collaboration permanente, il a été décidé que la CENCO[164] nomme une personne qui s'occupera de l'information réciproque entre l'État congolais et l'Église catholique.

Article 20

§1. Le Saint-Siège et la République Démocratique du Congo conviennent de régler par voie diplomatique toutes les divergences qui pourraient surgir dans l'interprétation ou dans l'application des dispositions contenues dans le présent Accord-cadre.

---

[164] Cf. *Christus dominus*, n. 37 : « De notre temps surtout, il n'est pas rare que les évêques ne puissent accomplir leur charge convenablement et avec fruit, s'ils ne réalisent pas avec les autres évêques une concorde chaque jour plus étroite et une action plus coordonnée [...] ». En faisant référence à ce décret conciliaire, on veut signifier que cette responsabilité de la CENCO à nommer une personne qui assurera une information réciproque avec l'État congolais suppose une concorde plus étroite et une action pastorale plus coordonnée entre les Évêques du Congo.

§2. Les matières d'intérêt commun qui demanderaient des solutions nouvelles ou supplémentaires devront être traitées par voie diplomatique.

§1. On ne s'étonnerait pas de constater des divergences autour de cet Accord-cadre. Celles-ci peuvent être d'ordre interprétatif ou applicatif. Ainsi, pour ne pas laisser ces doutes conduire à des interprétations ou applications arbitraires, le Saint-Siège et l'État congolais prévoient de régler par voie diplomatique toutes ces divergences. Recourir à la voie diplomatique veut dire éviter tout ce qui peut occasionner des conflits et des divisions dans cette coopération. On peut dire qu'il s'agit de rechercher des voies et moyens justes et pacifiques en faveur de ces deux parties. Régler par voie diplomatique les divergences signifie qu'il faut traiter avec habileté raffinée des relations entre contractants. C'est donc promouvoir des négociations à l'amiable chaque fois qu'il y aura un problème interprétatif ou applicatif.[165]

§2. Dans la même logique, s'il arrive que l'Église catholique et l'État congolais préconisent des solutions nouvelles ou supplémentaires dans les matières d'intérêt commun ou des suggestions nécessaires qui n'étaient pas prévues dans cet Accord-cadre, les deux devraient se mettre d'accord pour les traiter par voie diplomatique. En d'autres termes, personne des deux ne peut s'arroger le droit d'inventer d'une manière unilatérale des solutions nouvelles ou supplémentaires au nom de tous. *Pacta sunt servanda* rappelle aussi qu'il faut s'accorder à observer des engagements pris, sans en inventer d'autres. Mais en cas de solutions nouvelles ou supplémentaires, alors il faut recourir à la diplomatie, au dialogue, aux négociations pour en discuter à l'amiable.

---

[165] Cf. *Il Dizionario Enciclopedico Grolier*, Vol. II, Edizione speciale per Grolier Hachette International, Milano 516.

Article 21

§1. Le présent Accord-cadre sera ratifié selon les procédures prévues par les règles constitutionnelles propres aux Hautes Parties Contractantes et entrera en vigueur dès l'échange des instruments de ratification.

§2. Dans le cas où l'une des Hautes Parties Contractantes viendrait à constater que des éléments liés à la conclusion du présent Accord-cadre ont subi des changements tels que des modifications s'avèrent nécessaires, il sera aussitôt décidé d'entamer des négociations.

Le présent Accord-cadre est établi en deux exemplaires originaux en langue française destinés à chacune des Parties.

§1. Que signifie ratifier un traité, une convention ou un Accord-cadre comme celui-ci ? La Convention de Vienne précise que « les expressions "ratification", "acceptation", "approbation", et "adhésion" s'entendent, selon le cas, de l'acte international ainsi dénommé par lequel un État établit sur le plan international son consentement à être lié par un traité ».[166] Cette expression veut dire approuver officiellement un traité signé entre deux parties. C'est rendre un traité obligatoire après l'avoir signé. C'est confirmer, reconnaitre comme établi un traité. En droit international, c'est l'acte officiel qui valide à tous les effets un traité international ou un accord bilatéral.[167] Cela se fait par des organes prévus constitutionnellement afin que le traité devienne obligatoire.[168] Si la signature d'un traité par les parties contractantes signifie authentifier le

---

[166] NATIONS UNIES, Convention de Vienne sur le droit des traités 1969, in https://legal.un.org> conventions>1_1_1969 (Consulté le 28/11/2023).

[167] Cf. E. ZANICHELLI – SELEZIONE (a cura di), *Grande Enciclopedia*, Vol. II, Zachinelli Editore, Bologna 1994, 1503.

[168] Cf. *Il Dizionario Enciclopedico Grolier*, Vol. II, Edizione speciale per Grolier Hachette International, Milano, 1605-1606.

document[169], la ratification désigne l'acte international par lequel un État indique son consentement à être lié par un traité, si elle est la manière dont les parties au traité ont décidé d'exprimer leur consentement.[170] En effet, dans le cas des traités bilatéraux, il appert que la ratification s'effectue d'ordinaire par l'échange des instruments requis. C'est ce qui permet d'avoir le délai dont les signataires ont besoin pour l'approbation du traité nécessaire sur le plan interne et pour adopter la législation permettant au traité de produire ses effets en droit international.[171]

Pour le cas de ce présent Accord-cadre, on retient que lors de la cérémonie de signature des Accords spécifiques pour la mise en application de l'Accord-cadre entre le Saint-Siège et la RDC, Mgr Marcel Utembi, président de la CENCO, a bien repris les étapes suivies qui ont abouti à la ratification du présent Accord-cadre entre l'Église et l'État : « En effet, après la signature de l'Accord-cadre le 20 mai 2016 et l'échange des instruments de sa ratification entre sa Sainteté le Pape François et le Président de la République Démocratique du Congo, Félix Antoine Tshisekedi Tshilombo, le 17 janvier 2020, l'heure est à la mise en œuvre de ce traité entre le Saint-Siège et l'État congolais ».[172] Il y a d'abord eu la signature de l'Accord-cadre, ensuite l'échange des instruments de sa ratification c'est-à-dire la lettre par laquelle les deux autorités compétentes des deux parties ont confirmé les signatures que leurs plénipotentiaires ont apposées au bas de

---

[169] *Ibidem*, 673.

[170] Cf. UN https://ask.un.org (consulté le 28/11/2023).

[171] *Ibidem*.

[172] CONFERENCE EPISCOPALE NATIONALE DU CONGO, *Cérémonie de signature des accords spécifiques pour la mise en application de l'Accord-cadre entre le Saint-Siège et la RD CONGO. Discours de* S.E. Mgr Marcel UTEMBI TAPA, Archevêque de Kisangani, président de la CENCO, Kinshasa le 02 juillet 2022.

l'Accord-cadre valant. Et cet échange ou le dépôt de l'instrument de ratification a validé de façon définitive ledit Accord. Toute la procédure a été complétée par la signature des accords spécifiques pour l'application de l'Accord-cadre.

§2. Le Saint-Siège n'a jamais accepté la clause arbitrale qui donnerait la possibilité d'admettre une tierce partie pour jouer au médiateur en cas de conflits d'interprétations d'une convention avec les communautés politiques. Cela est dû au fait que celui-ci ne reconnait pas un autre système juridique qui lui soit supérieur. Car, le Souverain Pontife ne peut se soumettre qu'à Dieu et non à un autre pouvoir temporel.[173] Ainsi, la pratique diplomatique offre la possibilité des négociations le plus tôt possible dès qu'il sera constaté des changements ou des modifications nécessaires dans ce présent Accord-cadre de la part d'une des deux parties contractantes.

Fait dans la Cité du Vatican, le 20 mai 2016

[173] Cf. A. BLASI, *Concordati africani*, 79-80. A ce propos, il y en a qui proposent souvent une commission mixte pour resoudre de telles difficultés: «La prassi diplomatica offre lo strumento della commissione mista sia permanente che costituita per le singole questioni, all'interno della quale operano rappresentanti dello Stato e della Chiesa con l'obiettivo di risolvere amichevolmente i dubbi interpretativi mediante una commissione paritetica o mista».

CONSIDERATIONS CONCLUSIVES

Au lieu d'osciller entre faveur ou hostilité dans les relations Église-État, attitude politique parfois alimentée par de perpétuels bouleversements que connait le contexte politique congolais, l'option pour un cadre juridique approprié est indiscutable pour délimiter les matières d'intérêt commun qui constituent le dénominateur commun entre l'Église et l'État en RDC. Un texte juridique de cette envergure devrait promouvoir le respect du peuple, le respect de ses institutions, y compris les institutions religieuses. Plus concrètement, l'Église catholique n'a pas le droit d'imposer quoi que ce soit à l'État congolais. Au contraire, Celle-ci s'engage à marcher avec un peuple[174] qui continue à broyer du noir, à avoir le moral dans les chaussettes, et à se résilier en dépit de circonstances traumatiques que traverse son pays. Dans ce contexte de crise multiforme, le développement intégral de la société congolaise devrait susciter un élan coopératif avéré qui déboucherait sur des projets de développement d'intérêt commun.

Ainsi donc, on se réjouit que le Saint-Siège et l'État congolais s'accordent sur des matières d'intérêt commun qui nécessitent une intervention conjointe en vue du développement intégral de la RDC. Que ce rapprochement soit la « première pierre » d'un édifice qui ne devait absolument pas rester inachevé, qu'il favorise une

[174] Cf. P. PAROLIN, *Discours au palais du gouvernement à l'occasion de la visite officielle lors de la signature des cinq accords spécifiques entre la CENCO et le Gouvernement congolais*, 2 juillet 2022.

coopération qui s'affine et entre dans les enjeux concrets de la vie sociale,[175] tels sont les vœux du peuple congolais.

Ainsi envisagé concrètement, l'Église n'a pas oublié qu'il y a des relations à instaurer mais il y a aussi des principes à protéger pour ne pas perdre son identité. Il s'agit là de la *Libertas Ecclesiae,* principe fondamental dans les relations de l'Église avec les pouvoirs publics, que l'Église a toujours défendue pour l'accomplissement heureux de sa mission sur la terre des hommes.[176] Voilà pourquoi il est indispensable de délimiter juridiquement l'exercice de l'autorité des pouvoirs publics afin de ne pas circonscrire la liberté de l'Église qui se concrétise dans l'exercice de sa mission pour veiller au salut des hommes.

Tout en félicitant les deux parties contractantes pour avoir indiqué les limites juridiques qui doivent être observées en vue d'une saine coopération, on estime impérieux de relever quelques aspects dont elles doivent tenir compte aussi bien dans l'interprétation que dans l'application de cet Accord-cadre. Dans la même logique, on y va proposer d'autres matières d'intérêt commun qui demanderaient peut-être des solutions nouvelles ou supplémentaires par voie diplomatique (cf. Art. 20, §2 de l'Accord-cadre).

1. *La vulgarisation de l'Accord-cadre, une nécessité ?* La valeur juridique de ce document doit créer une nouvelle préoccupation. C'est celle d'éviter qu'il soit réduit aux livres de tiroir. Ainsi, il faut le faire connaitre au grand public. C'est vrai qu'il y a des efforts qui sont déjà fournis pour le diffuser. Seulement, il faut aussi penser à un groupe mixte pour ladite diffusion. On fait allusion ici à des experts choisis aussi bien du côté de

---

[175] *Ibidem.*

[176] Cf. V. BUONUOMO, « Annotazioni conclusive », in A. BLASI, *Concordati africani,* 285-291.

l'État que de l'Église afin d'organiser des campagnes de vulgarisation dudit Accord-cadre. Un tel mécanisme serait le lancement concret d'une coopération Église-État qui démontrerait aux agents de l'État et aux administrateurs des personnes juridiques ecclésiastiques reconnues par l'autorité civile que l'interprétation et la mise en pratique de cet Accord-cadre dépendent de leur honnêteté et de leur transparence. De même, cela constituerait une preuve tangible du rapprochement de l'Église et de l'État lorsqu'il faut travailler pour le développement intégral du congolais dont la pauvreté contraste avec les ressources naturelles de son pays.

2. *Certaines matières d'intérêt commun renvoyées aux Accords spécifiques, un risque ?* On est conscient que l'Accord-cadre ne saurait contenir toutes les matières d'intérêt commun dans les relations entre l'Église et l'État congolais. Et à côté de ces matières à caractère général, il y en a d'autres qui sont spécifiques afin d'appliquer l'Accord-cadre dans le contexte congolais. Ainsi, en plus de l'Accord-cadre, les deux parties contractantes ont réussi à signer des Accords spécifiques, en laissant la possibilité de continuer des négociations sur d'autres matières. Ceci révèle que l'Accord-cadre principal n'est que l'expression de la volonté de ces deux parties contractantes prêtes à privilégier la coopération pour le bien de la personne humaine, en tenant compte de la spécificité de plusieurs domaines d'action.

Toutefois, ce mode opératoire qui passe à travers des Accords spécifiques a souvent le risque de multiplier des textes juridiques de référence qui peuvent à la longue créer des problèmes interprétatifs. Comme on l'a heureusement relevé dans les commentaires, on attendait par exemple que la partie essentielle des dispositions sur la reconnaissance des titres académiques octroyés par les instituts ecclésiastiques du niveau supérieur soit abordée dans le présent Accord-cadre en son article 14, en renvoyant les modalités de son application à un Accord spécifique. Et pourtant, il n'en est pas le cas. Parce que l'Accord-cadre a déjà été ratifié, ayant constaté aussi la signature des Accords spécifiques entre les deux parties, on proposerait que tout ce qu'il y aurait comme Accords spécifiques soient collectés et reliés avec l'Accord-cadre principal pour constituer un seul document juridique de référence.

3. *Les facilités fiscales et douanières, une chimère?* En lisant avec intérêt l'Accord spécifique relatif aux facilités fiscales et douanières à l'endroit des institutions ecclésiastiques, on note au total 9 articles de référence. Parmi ceux-ci, le plus abondant, et peut-être le plus chargé est l'article 4. Ce dernier énumère tous les cas d'exemptions visées à l'article 3 du même Accord spécifique. Il compte au total 114 situations d'exemptions. A titre d'information, l'article 3 stipule que « l'Église catholique en République Démocratique du Congo bénéficie d'exemptions d'impôts, redevances, droits et taxes au niveau central, provincial et des entités territoriales décentralisées, sur les lieux et les activités destinés aux besoins du culte et aux programmes culturels ainsi que sociaux et ne constituent pas des revenus personnels pour leurs bénéficiaires ». Si cette disposition semble claire sur papier, son application est carrément reléguée au tiroir des parties contractantes qui ne s'en souviennent presque plus. Ce n'est pas en vain qu'on ne cite que cette matière de facilités fiscales et douanières. C'est vrai qu'il y a beaucoup d'autres matières faisant partie de l'Accord-cadre ou des Accords spécifiques qui ne sont pas encore connues de la part des institutions ecclésiastiques ou publiques. Mais si l'on s'engage à ne

mentionner que cette matière-ci, c'est parce que des tracasseries et des querelles continuent leur bonhomme de chemin. Puisqu'il s'agit d'une matière qui fait circuler des sommes colossales d'argent, très souvent les agents de l'État préfèrent tracasser les administrateurs des institutions ecclésiastiques en interprétant cet Accord spécifique à leur manière. En priant les fonctionnaires de l'État à se souvenir du principe de droit international « Pacta sunt servanda», on invite les administrateurs des institutions ecclésiastiques à avoir une connaissance suffisante de toutes les dispositions relatives à l'Accord-cadre entre l'Église catholique et l'État, et aux Accords spécifiques pour ne pas se laisser prendre au piège.

4. *La rémunération des clercs par le gouvernement congolais, une autre paire de manches ?*

En recherchant la juste reconnaissance de la contribution de l'Église catholique au bien commun et au développement intégral de la RDC, on attendait aussi que la question de la rémunération des clercs s'inscrive dans la même matière. Car, la contribution de l'Église comme institution est rendue visible non seulement par l'entremise de l'apostolat des fidèles laïcs, mais aussi à travers la pastorale de proximité qu'exercent ses ministres sacrés sur toute l'étendue nationale, même là où les fonctionnaires de l'État n'arrivent que lorsqu'il s'agit de la campagne électorale. Ne pas redonner aux prêtres leurs lettres de noblesse donnerait l'impression de les payer en monnaie de singe. A cet égard, ne serait-il pas juste d'y penser parmi les matières d'intérêt commun qui demanderaient des solutions nouvelles ou supplémentaires qui devront être traitées par voie diplomatique ? (cf. art. 20 de l'Accord-cadre). Encore faudrait-il que l'Église en fasse une priorité en réfléchissant sur un projet concret et réaliste qu'elle pourrait présenter au gouvernement congolais.

5. *De la transparence dans la gestion des subventions reçues de l'État, un témoignage évangélique ?*
Les dispositions de cet Accord-cadre prévoient de fixer d'un commun accord la nature, la forme, la portée et les modalités de l'aide de l'État congolais à l'Église catholique pour les services rendus à la Nation dans les domaines de la santé, de l'assistance sociale et médicale, de l'éducation et du développement (cf. Art. 16, §1). A en croire certaines sources sûres, le gouvernement congolais aurait déjà versé des subventions à tous les diocèses membres de la CENCO. Si l'on se réjouit de la promptitude avec laquelle l'État congolais s'applique à respecter les clauses de cet Accord-cadre (Pacta sunt servanda), on attend que l'Église prêche par le témoignage évangélique qui serait une gestion transparente et honnête des fonds reçus. Par ailleurs, que la CENCO se montre vigilante pour éviter d'éventuels abus de la part de ses membres dans la réalisation de ces projets, voilà le souhait de tout le peuple congolais. Car, « le droit de l'Église sanctionne aussi la gestion illicite des biens ecclésiastiques, tant sur le plan administratif qu'économique. Les responsables des institutions ecclésiastiques, et surtout les évêques, seront donc attentifs à concrétiser ces Accords au quotidien dans un esprit de sobriété et de transparence, de service et de dévouement envers les frères et sœurs en humanité ».[177]

Au-delà de tout ce qui a été relevé ci-dessus, force est d'affirmer que la coopération entre l'Église catholique et

---

[177] P. Parolin, *Discours au palais du gouvernement à l'occasion de la visite officielle lors de la signature des cinq accords spécifiques entre la CENCO et le Gouvernement congolais*, 2 juillet 2022.

la RDC est une opportunité pour le développement intégral et la recherche du salut des hommes. Il suffit d'« une collaboration plus intense et plus ordonnée »[178] pour transformer la crise qui frappe encore de plein fouet la RDC en un foyer de l'espérance. On est conscient qu' « il s'agit certainement de gigantesques défis, qui n'ont d'égal que l'immensité de "notre" pays. Cependant, ce dernier a le droit d'aspirer à un avenir plus inclusif et à un plus grand bien-être ».[179]

---

[178] *Ibidem.*

[179] *Ivi.*

BIBLIOGRAPHIE

La Bibbia. Scrutate le Scritture. Versione Ufficiale CEI, San Paolo, Milano 2020.

Codice di diritto canonico commentato (a cura della Redazione di Quaderni di diritto ecclesiale), Ancora 2001.

CAPARROS E. – SOL T. (sous la direction de), *Code de droit canonique bilingue et annoté*, 4eme Edition, Wilson & Lafleur, Montréal 2018.

CHIAPPETTA L. (a cura di), *Il Codice di diritto canonico*, ED., Napoli 1988.

CONCILIO VATICANO II, Fratelli Fabbri Editori, Milano 1966.

CONCILE OECUMENIQUE VATICAN II, *Acta Synodalia Sacrosancti Concilii Oecumenici Vaticani II*, Typis polyglotis Vaticanis, Civitas Vaticana, 1970-1999.

CONGREGATION POUR LA DOCTRINE DE LA FOI, Instruction sur quelques aspects de la "Théologie de la Libération" *Liberatis nuntius* (06 août 1984), in https://www.vatican.va> (Consulté le 27/09/2023).

BENOIT XVI, Lettre encycl. *Deus caritas est* (25 décembre 2005).

PAUL VI, *Discours aux Nations Unies*, 4 octobre 1965.

PIE XII, Lettre encycl. *Casti Connubii*, 31 décembre 1930.

ANGELETTI S., *Libertà religiosa e patto internazionale sui diritti civili e politici. La prassi del comitato per i diritti umani delle Nazioni Unite*, G. Giappichelli Editore, Torino 2008.

BARBERINI G., *Le Saint-Siège. Sujet souverain de Droit International*, Cerf, Paris 2003.

BASDEVANT-GAUDEMET B., *Histoire du droit canonique et des institutions de l'Église latine XVe-XXe Siècle*, Ed. Economica, Paris 2014.

BELLIA S., *Chiesa e Stato nel pensiero di Luigi STURZO*, Il Pozzo di Giacobbe, Napoli 2020.

BERNARDI B., *La démocratie*, GF Flammarion, Paris 2019.

BLASI A., *Concordati africani. Elementi e fonti di diritto concordatorio africano*, Libreria Editrice Vaticana, Città del Vaticano 2022.

BUENO SALINAS S., «Persona jurídica», in OTADUY J. – VIANA A. – SEDANO J. (coord.), *Diccionario general de derecho canónico*, Universidad de Navarra, Thomson Reuters Aranzadi, Navarra 2012, (179-188), 181.

CENTRE SUISSE ISLAM ET SOCIETE, *L'aumônerie dans les institutions publiques. Positionnements institutionnels, collaborations interreligieuses et enjeux de la profession*, Université de Fribourg, Fribourg 2021.

CHAPPETTA L., *Il matrimonio nella nuova legislazione canonica e concordataria*, Edizione Dehoniane, Roma 1990.

CONFERENCE EPISCOPALE NATIONALE DU CONGO, *Cérémonie de signature des accords spécifiques pour la mise en application de l'Accord-cadre entre le Saint-Siège et la RD CONGO. Discours de* S.E. Mgr Marcel UTEMBI TAPA, Archevêque de Kisangani, président de la CENCO, Kinshasa le 02 juillet 2022.

Constitution de la République Démocratique du Congo, in *Journal Officiel* 47 (18 février 2006).

CORRAL C., «Relazioni Chiesa-Stato: Sistemi vigenti (*Relationes inter Ecclesiam et Statum: sistema vigentia*)», in CORRAL C. SALVADOR – V. DE PAOLIS – G. GHIRLANDA (a cura di), *Nuovo Dizionario di Diritto Canonico*, San Paolo, Milano 1993, 899-904.

CORRAL C., «Relazioni Chiesa-Stato: Teoria (*Relationes inter Ecclesiam et Statum: theoria*)», in CORRAL C. SALVADOR – V. DE PAOLIS – G. GHIRLANDA (a cura di), *Nuovo Dizionario di Diritto Canonico*, San Paolo, Milano 1993, 905-912.

DALLA TORRE G., *La Chiesa e gli Stati. Percorsi giuridici del Novecento*, Studium Edizioni, Roma 2017.

DALLA TORRE G., *Lezioni di diritto vaticano*, seconda edizione, G. GIAPPICHELLI EDITORE, Torino 2020.

DE PAOLIS V., *I beni temporali della Chiesa*, Nuova edizione, A cura di A. PERLASCA, Centro editoriale dehoniano, Bologna 2011.

DE ROCH L.S., *Administration & Fiscalité des biens d'Église*, Editions Artège, Paris 2012.

DIRIART A., *Ses frontières sont la charité. L'Église Corps du Christ et Lumen Gentium*, Lethielleux Groupe DDB, 2011.

DOBO KUMA J.J., « Relation Église catholique-État congolais : nécessité d'un cadre juridique », in *Revue Africaine de Droit Canonique* 3 (2012), 111-128.

ERRÁZURIZ M.C.J., *I beni giuridici ecclesiali, la dichiarazione e la tutela dei diritti nella Chiesa, i rapporti tra la Chiesa et la Società civile*, Giuffrè Editore.

FABRE-MAGNAN M., *Introduction au droit*, Presses Universitaires de France, Paris 2021.

GAUCHET M., *La religion dans la démocratie. Parcours de laïcité*, Éditions Gallimard, Paris 1998.

GEOPOLITIQUE, *RDC: cinq choses à savoir sur la République démocratique du Congo, le plus grand pays catholique africain*, in https://www.geo.fr> géopolitique (Consulté le 26/09/2023).

GIOVANNI G., *Congo nel cuore delle tenebre*, V. Mursia, Milano 1966.

GONNET D., *La liberté religieuse à Vatican II. La contribution de John Courtney MURRAY*, Les Editions du Cerf, Paris 1994.

HOCHSCHILD A., *Gli spettri del Congo. La storia di un genocidio dimenticato*, Garzanti, Milano 2022.

Il Dizionario Enciclopedico Grolier, Vol. II, Edizione speciale per Grolier Hachette International, Milano 516.

KELSEN H., *General Theory of Law and State*, Transaction Publishers, New Brunswick and London 2006.

LALOUETTE J., *La séparation des Églises et de l'État. Genèse et développement d'une idée : 1789-1905*, Editions du Seuil, Paris 2005 (Ebook).

LO CASTRO G., «Commentary on Juridic Persons», in MARZOA A. – MIRAS J. – RODRÍGUEZ OCAÑA R. (eds.), *Exegetical commentary on the Code of Canon Law*, Vol. 1, Wilson & Lafleur, Montreal 2004, 747-752.

LUTUMBA KOMBA B., *Le travail et la sécurité sociale des clercs dans l'Église et l'Etat. Droit comparé*, Excerptum theses ad Doctoratum, Pontificia Università Lateranense, Roma 1999.

MACLURE J. – TAYLOR C., *Laïcité et liberté de conscience*, Les Editions du Boréal, Québec 2010.

MATEOS J. – BARRETO J., *Il Vangelo di Giovanni. Analisi linguistica e commento esegetico*, Cittadella Editrice, Assisi 1982.

MONTESQUIEU, *De l'esprit des lois*, vol. I, GF Flammarion, Paris 1979.

NATIONS UNIES, *Convention de Vienne sur le droit des traités 1969*, in https://legal.un.org> conventions>1_1_1969 (Consulté le 28/11/2023).

NDAYWEL È NZIEM I., *Histoire du Congo. Des origines à nos jours*, Le cri Afrique Editions, Kinshasa 2010.

PACE, *Compendio di dottrina sociale della Chiesa*, Libreria Editrice Vaticana, Città del Vaticano 2005.

PAOLO G. II, « Il rispetto delle differenze » (5 ottobre 1995), in QUADERNI DELL'OSSERVATORE ROMANO, *La Santa Sede nei Balcani*, Città del Vaticano, 1996.

PERLASCA A., « Contributi del card. Velasio De Paolis alla comprensione del diritto», in L. SABBARESE (a cura di), *Opus humilitatis iustitia. Studi in memoria del Cardinale Velasio De Paolis*, Urbaniana University Press, Città del Vaticano 2022, 317-332.

PRIMATURE, *Décret N°22/26 du 17 juin 2022 portant modalités et mesure d'application de l'Accord-cadre entre le Saint Siège et la RDC sur des matières d'intérêt commun du 20 mai 2016.*

RATZINGER J., *Gesù di Nazareth*, Rizzoli, Milano 2007.

RENKEN J.A., *Church property. A commentary on Canon Law Governing Temporal Goods in the United States and Canada*, Saint Paul University, Saint Pauls, Ottawa 2018.

SANTORO R. – FUSCO G., *Diritto canonico e rapporto Stato-Chiesa in tempo di pandemia*, Editoriale Scientifica, Napoli 2020.

SAPIR J., *Souveraineté, démocratie, laïcité*, Michalon Editeur, Paris 2016 (Ebook).

SCHOUPPE J.-P., *Diritto dei rapporti tra Chiesa e comunità politica. Profili dottrinali e giuridici.* Subsidia canonica, EDUSC, Roma 2018.

SMERILLI A., *Donna economia. Dalla crisi a una nuova stagione di speranza*, San Paolo, Milano 2020.

SORGE B., *Introduzione alla Dottrina sociale della Chiesa*, Queriniana, Brescia 2016[3].

ZANICHELLI E. – SELEZIONE (a cura di), *Grande Enciclopedia*, Vol. II, Zachinelli Editore, Bologna 1994.

TABLE DES MATIERES

Structures éditoriales du groupe L'Harmattan

L'Harmattan Italie
Via degli Artisti, 15
10124 Torino
harmattan.italia@gmail.com

L'Harmattan Hongrie
Kossuth l. u. 14-16.
1053 Budapest
harmattan@harmattan.hu

L'Harmattan Sénégal
10 VDN en face Mermoz
BP 45034 Dakar-Fann
senharmattan@gmail.com

L'Harmattan Cameroun
TSINGA/FECAFOOT
BP 11486 Yaoundé
inkoukam@gmail.com

L'Harmattan Burkina Faso
Achille Somé – tengnule@hotmail.fr

L'Harmattan Guinée
Almamya, rue KA 028 OKB Agency
BP 3470 Conakry
harmattanguinee@yahoo.fr

L'Harmattan RDC
185, avenue Nyangwe
Commune de Lingwala – Kinshasa
matangilamusadila@yahoo.fr

L'Harmattan Congo
219, avenue Nelson Mandela
BP 2874 Brazzaville
harmattan.congo@yahoo.fr

L'Harmattan Mali
ACI 2000 - Immeuble Mgr Jean Marie Cisse
Bureau 10
BP 145 Bamako-Mali
mali@harmattan.fr

L'Harmattan Togo
Djidjole – Lomé
Maison Amela
face EPP BATOME
ddamela@aol.com

L'Harmattan Côte d'Ivoire
Résidence Karl – Cité des Arts
Abidjan-Cocody
03 BP 1588 Abidjan
espace_harmattan.ci@hotmail.fr

Nos librairies en France

Librairie internationale
16, rue des Écoles
75005 Paris
librairie.internationale@harmattan.fr
01 40 46 79 11
www.librairieharmattan.com

Librairie des savoirs
21, rue des Écoles
75005 Paris
librairie.sh@harmattan.fr
01 46 34 13 71
www.librairieharmattansh.com

Librairie Le Lucernaire
53, rue Notre-Dame-des-Champs
75006 Paris
librairie@lucernaire.fr
01 42 22 67 13

www.ingramcontent.com/pod-product-compliance
Lightning Source LLC
LaVergne TN
LVHW021223061026
849535LV00008B/2879
* 9 7 8 2 3 3 6 4 5 6 3 3 1 *